本书得到哈尔滨师范大学“跃滨学术基金”和黑龙江省哲学社会科学研究项目“汉语专名词语层级性体系研究”(16YYD06) 的资助

汉语专名词语层级性体系研究

吕长凤◎著

中国社会科学出版社

图书在版编目(CIP)数据

汉语专名词语层级性体系研究 / 吕长凤著. —北京：中国社会科学出版社，2016. 12

ISBN 978 - 7 - 5161 - 8713 - 5

Ⅰ. ①汉…　Ⅱ. ①吕…　Ⅲ. ①汉语 - 专名学 - 研究　Ⅳ. ①H17

中国版本图书馆 CIP 数据核字(2016)第 182771 号

出 版 人　赵剑英
责任编辑　任　明
特约编辑　李晓丽
责任校对　张依婧
责任印制　何　艳

出　　版　中国社会科学出版社
社　　址　北京鼓楼西大街甲 158 号
邮　　编　100720
网　　址　http：//www. csspw. cn
发 行 部　010 - 84083685
门 市 部　010 - 84029450
经　　销　新华书店及其他书店

印刷装订　北京市兴怀印刷厂
版　　次　2016 年 12 月第 1 版
印　　次　2016 年 12 月第 1 次印刷

开　　本　710 × 1000　1/16
印　　张　12. 75
插　　页　2
字　　数　210 千字
定　　价　48. 00 元

序

周荐

我在南开招收的学生分属两个专业：汉语言文字学和语言学及应用语言学。专业不一，学生入学后或治词汇学或习词典学，方向也有异，但我要求他们所撰学位论文，都要把占据理论制高点作为第一要务。曾有学生在选择研究方向时把球踢给我，问我更希望他们选择词汇学还是词典学。每逢此时，我总坦言相告：词汇学理论色彩重，而词典学属应用学科。一个人年轻时掌握理论厚重一些，老来若想改搞应用研究，较易转轨，有驾轻就熟之便；而如年轻时搞的是应用学科，老来若想转搞理论色彩较重的研究，即使不好说是难如上青天，也绝非易事。长凤自 2007 年跟我读博，就择定词汇学方向，学位论文题目也是她提出的。学生对研究方向和论文选题有自己的想法，是好事，但她选做《汉语专名词语层级性体系研究》这样一个题目，我开始却并不十分看好，因为此一研究易落老套，更难讨彩。但学生主意已定，做导师的就只有指导其完成论文，助其实现理想。长凤是哈尔滨师范大学的学术骨干，原本平坦的读博之路却因博二时丈夫突然患病不显顺畅。她开始要退学回家照顾夫君，后遵我建议办的是休学，这为她日后继续攻读留下机会。两年后长凤回到南开，还带来了学位论文初稿。老实说，她一边服侍病人，照顾幼子，一边撰写博士论文，真难为她了。但博士论文有博士论文最起码的标准和要求，导师任何时候都必须秉持学术良心，不能因同情放弃原则。因此，我给她在论文上密密麻麻提了不少意见，请她修改。长凤见状，知难完成，便未再坚持当年答辩的要求。长凤在读博的第五年，论文终获答辩通过。我回顾这段历史，一是说，长凤的论文选题，是块硬骨头；二是说，一位青年学者，上有老下有小，家庭负担繁重，若再遇上什么意外变故，那负荷就更非常人所能理解了。

长凤在《汉语专名词语层级性体系研究》这篇论文中提出一个命题：词汇的各个门类，都有自己的层级。她又进而提出：专名词语具有层级性，因此而具体系性。这是屡被一些学者提出，正反两方反复论辩过的问题。有些学术问题，即使再争论几十年也未必能有个人人都接受的结果。论辩的双方，观点既然不能一方为另一方心悦诚服地接受，那就不如大家将其暂放一旁，务实求真，脚踏实地去干一些事，来得实在。长凤的论文就在如下三个问题上做出了自己艰辛的探索：一，论文按照专名词语所指对象是否具生命这个标准，把专名词语分为生命类的和非生命类的。该两类专名词语又都有各自的下位类。生命类专名词语包括人名、网名、动物名和神仙鬼怪名等；非生命类专名词语的下位类更加繁复，其第一级下位分类是自然类专名词语和社会类专名词语。二，专名词语的命名不是一个简单的以名指物的过程。不同类型的专名词语在命名过程中存在着不同的要求。论文以专名词语的整体为研究对象，指出专名词语在命名中应遵循必要性、区别性、大众化、审美性等原则。专名词语的命名方法更饶有趣味，计有寓意命名、谐音命名、专名移用命名、数字命名等多种方法。三，专名词语的词典收录体现了词汇学与词典学的交叉关系。论文尝试对专名词典进行分类，并对综合性词典和语文类词典专名词语收录情况作了概括和分析。长凤所做的这些研究，打破窠臼，不落俗套，对人们深入认识专名词语，深化对它的研究，无疑是很有助益的。

金无足赤，长凤论文还有进一步完善的空间。比如，论文以词语意义构建词语层级性体系，当然很有必要，也是学者们惯常的选择。但是，在词语形式的基础上构建专名词语的层级体系，也十分必要，更易形成形式化的标准，其研究前景似更引人入胜。再如，长凤按所指对象是否具生命的标准，把专名词语分为生命类和非生命类专名词语，是一项很有意思的工作。这里的生命类、非生命类，是从所指对象是否具生命而分出的，那么这个“生命”与词语本身的“寿命”有无关系？接下来，生命类和非生命类专名词语各自的存活度如何？它们各自在类聚内与其他词语的依存度如何？生命周期是否一样？此外，长凤论文所用语料和所谈语言事实，都属现代平面的；未来若再深化此一研究，能联系汉语史上的一些事实，收获定然更大。诸如此类的问题，都值得进一步思考和研究。

长凤性格文静内向，心地善良纯真，她的行事风格是逆境敢搏，目标是务期必胜。她是很有希望的一位青年学者。长凤博士毕业后很长一段时间里没有太多论文发表出来，我对此没有担心，因为我知道，那是她的学术沉潜期，用不了多久，她一定会给学界奉献出更加出色的研究成果来的。果然，她即将付梓的博士学位论文摆上了我的案头，并请我作序。我以喜悦的心情重读了她的论文，又在欣慰的心境中写下了如上的文字。

是为序。

摘　要

专名词语的数量十分庞大，是汉语词汇系统中一个比较特殊的词汇类聚。本书以现代汉语专名词语为对象，在系统论观点的指导下，从语言词汇的宏观视野出发，建立和描述汉语专名系统的整体框架。并在此基础上，对专名词语的意义和用法进行进一步的分析和概括，从而构建出汉语专名词语的层级性体系。

在一种语言的词汇系统中，专名词语是与一般的普通词语相对而言的。对于二者的区别可以从多个角度进行比较研究，如果从词汇学的角度出发，二者的本质区别表现在语义上是否具有特指性这一关键点上。在明确了研究对象的所指的基础上，本书试图阐述和分析汉语专名词语系统的全貌。

通过我们的研究发现：专名词语系统虽然庞杂，但并非无章无序。从构成单位上看，主要由两级语言单位构成，分别是专有名词和专用短语。再进一步分析专名系统的内部，其分类又是具有层次性的。如果按照专名词语所指称的对象是否具有生命这个标准，我们首先把专名词语分为生命类专名词语和非生命类专名词语。这种分类的科学性在于，两个类别的划分涵盖了所有的专名词语。这两大类专名词语又有各自的下位分类。生命类专名词语包括人名、网名、动物名和神仙鬼怪名等。非生命类专名词语的下位分类更加繁复，其第一级下位分类是自然类专名词语和社会类专名词语。

专名词语的命名并不是一个非常简单的以名指物的过程。不同类型的专名词语在命名过程中存在着不同的要求，以专名词语的整体为研究对象，其在命名中应遵循的原则可以概括为必要性原则、区别性原则、大众化原则和审美性原则。专名词语的命名方法有寓意命名法、谐音命名法、专名移用命名法和数字命名法等。

专名词语是一种语言现象，也是一种人类社会普遍存在的社会现象。专名词语的社会文化属性主要表现为民族性、区域性和时代性。

本书在分析专名词语意义的基础上完成了汉语专名词语层级性体系的构建。在专名词语显著度理论和专名泛化的隐喻和转喻机制的理论支持下，按照专名词语与一般的普通词语的距离远近这个判断标准，我们把专名词语系统分为专名词语基础层、专名词语中间层和专名词语扩展层。如果一个专名词语只具有指称某个特定的人或事物的专指意义，这样的专名词语距离普通词语的距离最远，那么它就处于专名词语的基本层级，由这样的专名词语聚合在一起就构成了专名词语体系的基础层。处于基础层的专名词语具有意义的单一性、指称的唯一性和命名的趋同性等性质特征。如果一个专名词语除了具有专指意义外，还具有一般普通词语那样的泛指意义，这样的专名词语因为获得了普通词语的泛指意义而距离普通词语就更近了一步，此种专名词语聚合在一起构成了专名词语体系的中间层。中间层专名词语的性质特征表现为意义的双重性和指称的分指性。处于专名系统最外层的扩展层专名词语距离普通词语最近，从形成上看，它们原本就是普通词语，由于语言使用者为了命名的需要而将其固化为书名、篇名、杂志名、电影电视名、歌曲名等专名词语。扩展层的专名词语突出的性质特征是意义的有理性和结构的多样性。此外，各个层级专名词语的范围和语用功能也是有所区别的。

专名词语在翻译上与一般的普通词语相比较具有特殊性，因此应按照一定的翻译原则和方法展开具体的翻译工作。人名、地名等典型的专名词语在具体翻译过程中呈现出不同的问题。

专名词语的词典收录体现了词汇学与词典学的交叉关系。本书尝试对专名词典进行分类，并综合概括综合性词典和语文类词典专名词语收录的情况。最后着力对《现代汉语词典》第 6 版收录的专名词语进行了统计和分析，发现其存在的个别问题，试图对规范型语文类词典的专名词语收录有一个全面而深入的认识和把握。

关键词：专名词语；系统；构建；层级性

目　录

第一章

绪　论

第一节　研究的对象和理据

一　专名与专名词语

以往人们谈到专名几乎都心照不宣地把它与专有名词等同起来，即专名＝专有名词。在专名的研究中，这种认识比比皆是、随处可见。《现代汉语词典》（第6版，2012）对专名的解释是：专有名词，指人名、地名、机关团体名之类，如"鲁迅、淮河、北京大学"。其他论著持此观点的，诸如，"专名即专有名词，它与普通名词不同，是指茫茫大宇宙间无双的事物，一般说是不能再加上数量词和尾巴'们'字儿的"[①]。"专名，就是自然语言中的专有名词，它主要包括人名、地名、单位名，例如'亚里士多德'、'孙中山'、'北京'、'华南师范大学'等等。"[②]"专名，是指自然语言中的专有名词，例如'亚里士多德'、'中国'、'拿破仑'等。"[③]"通俗地说，专名就是语言学所说的专有名词，例如'孔子'、'广州'、'中央党校'、'五四运动'等等。"[④]既然专名与专有名词是相同的概念，那么专有名词又是什么呢？"专有名词指人名、地名和店名，俗称专名。"[⑤]"专有名词（proper houn）表示'个别的人、团体、地方、

---

① 王希杰：《专名异变》，《淮北煤师院学报》（社会科学版）1991年第3期。

② 胡泽洪：《关于专名的涵义与指称》，《自然辩证法通讯》2002年第5期。

③ 邓艳桃、于金伙：《对专名涵义和指称的历史探讨》，《焦作师范高等专科学校学报》2006年第1期。

④ 王超辉：《论专名的涵义与指称》，《辽宁工程技术大学学报》（社会科学版）2007年第5期。

⑤ 陈建民：《中国语言和中国社会》，广东教育出版社1999年版，第136页。

机构或事物的名称'。"① "专有名词，也叫专名，包括人名、地名、国家和地区名等。"② "名词按其词汇意义，可分为两大类：普通名词和专有名词。普通名词表示一类人或物或抽象概念所共有的名词。专有名词表示个人、国家、地方、机构、组织等的专有名称。"③ "专有名词包括人名、地名、国名、机构名等，它不仅具有指称功能，同时也具有特殊的修辞价值。"④ 如果按照上述说法，专有名词是按照意义划分的一类名词，那么从语言单位的属性上分析，专有名词应该属于语言单位中的词，说人名、地名是词问题不大，但把"中央党校""华南师范大学""五四运动"也说成是词，恐怕就会引起争议了。

首先，专名的两种英语形式值得我们关注，一是 proper name，一是 proper noun。如果直接对译，proper name 是专有名称，proper noun 是专有名词。很显然，专有名称和专有名词是两个不同的概念。名称是事物（包括生命体和非生命体）的语言符号，在西方哲学史上对名称问题的研究已有两千多年的历史了，通常认为在各种现代民族语言中名称包括专有名称和普通名称两部分，而在语言使用过程中，为了简单快捷、增加效率，我们把专有名称缩略为专名，与之相对应的普通名称就缩略为通名。名称不管是专有的，还是普通的，既可以用语言单位中的词来表示（如北京—熊猫），又可以用语言单位中的短语来表示（如北京大学—便携式收音机）。由此我们得出一个结论，专有名称作为一个语言学术语，既包括词又包括短语。再看专有名词，它是词按照意义分析的结果，从严格的术语理解上看，专有名词应该只对应语言单位中的词，而不包括具有专指性的短语。与专有名称一样，在语言使用中我们也把它缩略为专名，此专名非彼专名，这就造成了对专名一词的不同理解。在这里我们认为专名是一个广义的概念，它在语言性质上包括两种语言单位：专有名词和专用短语。即：

---

① 芦永德：《谈英语专有名词的普通化》，《信阳师范学院学报》（哲学社会科学版）1993年第3期。

② 杨丽忠：《专有名词中的人名研究》，《术语标准化与信息技术》2005年第3期。

③ 单军娜、栾吉斌：《从文化视角看英语专有名词的普通化》，《齐齐哈尔医学院学报》2007年第5期。

④ 高燕：《专有名词的修辞作用》，《语言与翻译》2008年第1期。

专名{专有名词（如北京）
专用短语（如北京大学）

有了以上的认识之后，我们就会达成这样的共识，在各种具体语言的词汇系统中都普遍存在着专名词语，我们之所以使用“专名词语”来表述，就是为了强调专名这个术语在语言学中所涵盖的语言单位，从而使我们更加明确本书将要研究的对象所指。

二　专名词语的界说

专名词语是一种语言中不可缺少的构成要素，世界上的任何语言都包括数量不一的专名词语。关于什么是专名词语，目前学界还没有统一的说法。不管是在逻辑学的研究中，还是在语言学的阐述中，学者们在谈到专名的定义时，往往是举例性质的，或者是分类式的列举，或者是个体式的列举，缺乏对专名词语进行科学、严谨、深刻而准确的界定。在进行某方面的科学研究中，我们首先要对所研究的对象有一个比较清楚而明确的认识，这种认识的前提就是关于研究对象具体所指的界定。专名词语界定的困难，不是从事语言研究的学者们不够勤奋、研究不够深入、理论认识不够到位，而是专名词语本身就是一个比较复杂的词汇类聚，在具体界定时会出现言不尽意的困难。

专名词语作为客观存在的语言实体，究竟指称的是哪些事物、现象？综合前人的论述，大致有以下几种情况。

1. 从概念角度进行界定

石立坚认为“专名是特指个体、单独概念或现象的名称”[①]；刘叔新明确指出专名词语“代表着反映其一个体对象的特殊概念，不是代表一般的类别概念，成为专指某一特定个体对象的名称”[②]，并进一步指出专名词语“所体现的概念，不是一般的概括一类事物现象的种类概念，而是只反映个别具体对象的特殊个体概念”[③]。

2. 从所指对象角度进行界定

杨伯峻曾指出：“独有名词是一人一物所独有，公共名词正像他名称

① 石立坚：《谈谈专名》，《语文研究》1985 年第 3 期。

② 刘叔新：《汉语描写词汇学》，商务印书馆 2005 年版，第 151 页。

③ 同上书，第 253 页。

所表示，乃是一种同类事物的总名。”[①] 这里的“独有名词”即“专名”，“公共名词”即“通名”。周一民直接指出“专有名词表示的是独一无二的事物”[②]，这里的“独一无二”是说专名词语作为一个名称所指称的对象是唯一的，也就是说专名词语只是某个单独事物的名称，不是其所属类别的名称。曹长远在论述专有名词时提出“专有名词指的是在特定的时间与空间中存在的独一无二的事物的名称”[③]，这里对专名词语所指对象进行了一定限制，明确了“特定的时间与空间”，类似的观点还有，“专名词语专指现实世界或者虚构世界中独一无二的事物，表现为人名、地名、国名、著作名等”[④]。有的学者，在对专名词语从所指对象角度界定时，没有使用“独一无二”这样绝对的词语，而是比较模糊地说，“专有名词表示特定个体的名称”。[⑤] 即专名词语表示的是个别事物特有的名称。

3. 从语法角度进行界定

从语法角度界定专名词语是以赵元任为代表的，他认为“专名不受D－M修饰”[⑥]，这里的“D－M”是指数词、代词等与量词构成的“三磅、这回”这样的数量、指量短语。

4. 从语义的角度进行界定

从语义的角度对专名词语进行定义是以徐国庆为代表的，他认为“专名就是专有名称，是语义上具有专指性词语的总称”[⑦]，并对专指性进行了进一步解释“专名的形成主要在于它与同类事物相区别的专指性，这种专指性是将该名称所指事物作为一个独立的个体来命名，而不是把它作为一类事物的集合体来命名。‘汉人’作为专名，主要着眼于和‘非汉族人’或‘非汉朝人’相区别独立的个性特征；‘长城电扇’作为专名，也是着眼于这是专指与‘华生电扇’、‘金龙电扇’、‘骆驼电扇’、‘蝙蝠电扇’、‘佛顶山电扇’等电扇家族的其他成员相区别的独立个性的事

---

① 杨伯峻：《中国文法语文通解》，商务印书馆1956年版，第14页。

② 周一民：《北京口语语法》（词法卷），语文出版社1998年版，第4页。

③ 曹长远：《论专有名词》，《临沂师专学报》（社会科学版）1988年第2期。

④ 胡中文：《解析专名词语同一般词语的联系》，《汉语学习》1997年第3期。

⑤ 张文国、张能甫：《古汉语语法》，巴蜀书社2003年版，第20页。

⑥ 赵元任：《汉语口语语法》，商务印书馆2001年版，第236页。

⑦ 徐国庆：《现代汉语词汇系统论》，北京大学出版社1999年版，第184页。

物”①。

综合分析上述学界对于专名词语的界说，第一种界定，即着眼于概念的定义，是逻辑学、哲学对于专名定义的阐述，不是语言学或词汇学对于专名词语的界定。第二种从指称角度的界定，能够揭示专名词语与所指对象之间的关系，但有的说法过严，譬如说专名词语所指称的对象一定是独一无二的，那么像“太阳”“月亮”这样的词就一定是专名词语了，但在我们的语言常识中“太阳”“月亮”和“水”“云”一样属于普通词语，关于这点刘复有过比较精辟的论述，“世人（连文法家在内）对名词的公专，究竟并没有讲得彻底。最显著的是太阳，全世界只有一个，所谓‘天无二日’，但全世界的文法家，都没有把它当做专名的”②。有的说法又比较模糊，如说专名词语是表示个体事物的名称，究竟什么是个体事物，它有什么特点，如何界定，这都是难以阐述清楚的。第三种从语法性质对专名词语的界定，是值得商榷的，因为一方面能否受数量或指量短语的修饰和限制并不是专名词语的区别性特征，不受数量、指量短语修饰的不都是专名词语，时间名词、方位名词都不受数量、指量短语的修饰；另一方面，专名词语在一定情况下，也是可以受数量、指量短语的修饰和限制的。朱德熙就指出：“专有名词在一般情况下不受数量词修饰，……但是专有名词并不是绝对不受数量词修饰，例如：东方红，太阳升，中国出了个毛泽东。有两个李逵，一个是真李逵，一个是假李逵。”③ 作为一个特殊的词汇类聚，专名词语应该是一个词汇类别，而不是一个语法类别，因此，不能仅从其语法表现来进行界定。第四种从语义方面对专名的界说则应该是从语言词汇视角所进行的阐述，专名词语区别于其他普通词语的最突出的特点就是其语义的专指性或特指性。我们认为，只要是语义上具有专指性或特指性的词语就是专名词语，不管它所代表的是否是单独、个体概念，也不管它指称的是否是独一无二的事物。如专名词语中的商品名，虽然某个商品名所指对象不是唯一的，但我们仍然认为其是专名词语。在现实生活中，“九阳豆浆机”不可能只有一台，但在语言世界里，“九阳豆浆机”却是作为一个专名词语使用的。

---

① 徐国庆：《现代汉语词汇系统论》，北京大学出版社 1999 年版，第 187 页。

② 刘复：《中国文法讲话》，北新书局 1935 年版，第 58 页。

③ 朱德熙：《语法讲义》，商务印书馆 2004 年版，第 42 页。

以上是国内学界对于专名词语定义的几种情况，再看《简明不列颠百科全书》对“专名”所下的定义：

> 专名 names 用来指称个别（真实的或臆想的）实体的词或词组。专名与普通名词相对，直接指明某一实体，而不是某类实体中的一个。研究专名的意义、起源和演变等的科学称作专名学（onomastics 或 onomatology），它涉及语言、地理、文化和历史等多方面问题。①

这代表了国外学界对专名的看法。

综上所述，我们认为专名词语是指语义上具有专指性或特指性的词或固定短语。

三　专名词语与普通词语

名称是指称人或事物的语言符号，世界上的任何语言都有专名和通名之分。专名和通名是一组相互对称的概念，专名指的是语义上具有专指性或特指性的词或固定短语，它是因同类事物中具有的区别性特征而形成的专指性名称，而通名则是因同类事物的共同特征而形成的泛指性名称。例如“河”，在现代汉语共时平面，是指天然的或人工的大水道。这个词抽象概括了所有“河”的共同属性和特征，而与湖、海等相区别，“河”这个名称泛指一切“天然的或人工的大水道”，因此是个通名。而“黄河、海河、淮河、蚂蚁河、额尔古纳河”等则是专门指称“河”这类事物中的某个具体的具有区别性特征的个体，所以都是专名。

在语言学的词汇层面，专名词语与普通词语相对而存，而在一种语言的共同语平面中，从数量和使用上看，普通词语占据了基本词汇的绝大多数，专名词语所占比例相对比较小，因而在语言交际中，普通词语与专名词语相比运用得更加广泛和普遍。

四　专名词语与术语

在各种语言的词汇系统中，除了专名词语的普遍存在之外，各类术语

① 中国大百科全书出版社《简明不列颠百科全书》编辑部：《简明不列颠百科全书（第九卷）》，中国大百科全书出版社 1986 年版，第 541 页。

也大量存在着。专名词语和术语是一种语言中的两个比较特殊的词汇类聚，这种特殊性在普通语文词典中的表现是，术语收录得比较少，而专名词语则更少收录。为什么会这样呢？究其原因，问题的根本集中在二者都不是普遍使用的这一点上，它们都是非普通词语。在进行普通的语文教育时，我们不把它们当作教授的重点，但是这并不意味着它们在语言使用中可有可无，二者在语言的词汇系统中仍然占据着比较重要的地位。

专名词语和术语的区别一直是我们关注的焦点。从本质上说，二者的性质是不同的。术语在《现代汉语词典》（第6版，2012）中的释义是："某一门学科中的专门用语。"其实，这个定义指的是狭义的术语，我们应该更宽泛地理解术语，也就是说，术语不仅限于某门学科中属于本学科的专门用语，各种行业都有各自的专门用语，这些专门用语也属于术语的范畴。从以上的阐述中我们可以得出这样的事实，术语是属于某个专门领域的词语，一般不被非本行业内部的人所了解或经常使用。而专名强调的是语义上具有专指性的词语，它们的使用是不受行业限制的。专名词语和术语是从不同的角度对词语进行的分类，这种分类不是非此即彼的关系，有的时候专名词语和术语是有交叉的。例如，作为太阳系八大行星之一的"金星"，既是一个专名词语同时又是一个术语。从命名的角度，把离地球最近的那颗行星叫做金星，语义上具有专指性特征，就指这颗行星而不指其他的行星。说"金星"是术语，是因为从来源上看，这个词是来自于天文学的，具有不同于普通词语的专业而科学的含义。《现代汉语词典》（第6版，2012）对金星的定义是：

> 太阳系八大行星之一，按离太阳由近而远的次序定为第二颗，绕太阳公转周期约224.7天，自转周期约243天，自东向西逆转。金星是各地行星中离地球最近的一个。

从这个定义可以看出，"金星"反映了专门领域（天文学领域）内的科学内涵，这种专门性的科学定义彰显了"金星"的术语身份。

专名和术语的关系可以用图1.1表示。

五　专名词语研究综述

（一）中国的专名词语研究

在中国，早在先秦时期"专名"的概念就已经产生。春秋时期墨子

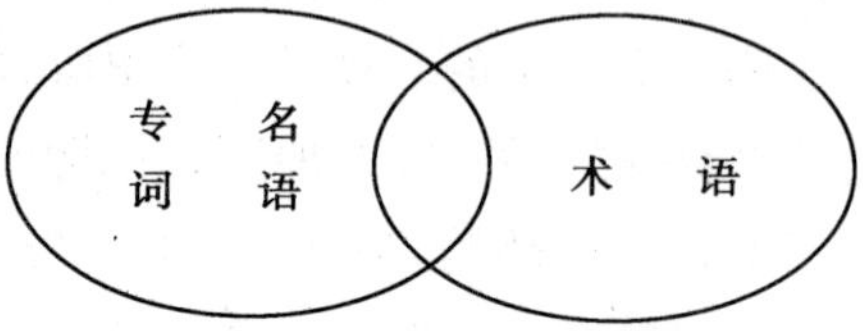

图 1.1

首先提出了“达名”“类名”“私名”这三个概念，这里的“私名”就相当于现在我们所说的“专名”。

“专名”作为汉语词汇中的一员，作为一个双音的组合，最早出现于东汉朱穆的《崇厚论》，该文说：“夫以韩、翟之操，为汉之名宰，然犹不能振一贫贤，荐一孤士，又况其下者乎！此禽息、史鱼所以专名于前，而莫继于后者也。”① 这里虽然出现了“专名”二字，但是它并不是我们现在讨论的具有专指性的名称，而是专门享受追求名利的意思，是作为动词的用法。明代季本《诗说解颐·字义》第六卷载有：“享、祀，皆祭之通名也。……〈周礼〉以祀为祀天神，祭为祭地示，享为享人鬼。若以互文见意，则可；若分为专名，则不可。”② 清代姚炳《诗识名解》第六卷记载：“〈广雅〉云‘兽一岁为豵，二岁为豝，三岁为肩，四岁为特’，则此四者乃群兽小大之通称，非豕之专名。”③ 这里明确用“通称”和“专名”对举，就相当于现代语言学中的“专名”与“通名”互称的关系。

近现代的汉语研究中，第一次对名词用“公名”和“本名”加以区分，并把专名分析为名词的一个小类的是马建忠的《马氏文通》。马建忠指出“名字共分二宗，一以命同类之人物，曰公名。禽兽二名，凡翼者皆名禽，凡蹄者皆名兽，故禽兽为公名。凡名之不止名一物者，皆此类也。一以名某人某物者，曰本名。曰尧曰舜者，古今来止一人为尧，一人为舜，故称曰本名。嵩岳泰岱止一山之名，江淮河汉止一水之名，皆曰本名”④。此处提到的“本名”，就是“专名”。王国维在定名研究中提出了

---

① 王先谦：《后汉书集解》，中华书局 1984 年版，第 515 页。

② （明）季本：《诗说解颐》，文渊阁四库全书。

③ （清）姚炳：《诗识名解》，文渊阁四库全书。

④ 马建忠：《马氏文通》，商务印书馆 1998 年版，第 33 页。

"共名"和"专名"的说法。章士钊在《中等国文典》中把名词分为固有名词、普通名词、集合名词、物质名词、抽象名词五种，其中的"固有名词"就是我们所说的"专名"。黎锦熙的《新著国语文法》提到"特有名词，是专属一个人或一件事物的，只能一，不能二。……是某人或某物特有的名称，虽在同类的人或物也不得通用"[①]，此处的"特有名词"即专名。杨伯峻在《中国文法语文通解》中曾指出"独有名词是一人一物所独有，公共名词正像他名称所表示，乃是一种同类事物的总名"[②]，其中的"独有名词"和"公共名词"即"专名"和"通名"。王力在《中国现代语法》中，把名词直接划分为专名和通名，指出"名词所代表之物，往往是一个通名。例如'马'字，并非专指某一匹马，而是泛指一切的马。但是咱们普通所谓人名或地名，却是专指某一个人或某一个地方而言。例如'孙中山'专指一个人，'上海'专指一个地方。我们把这种名词叫做专名；专名和通名是对立的"[③]。这段文字的论述使我们明确了专名的专指性和特定性。蒋礼鸿、任铭善的《古汉语通论》[④]提出"同类事物共有的名称叫做公名，同类中一种或个别事物特有的名称叫做专名"，并进一步指出"在语言运用中，公名和专名往往可以转化"，这就明确提出了"专名"和"通名"互相转化的观点。陆宗达、王宁的《训诂与训诂学》一书认为"从词义学的观点来看，名物讲的是一些专名的词义。这种专名的特殊性在于，它所指的对象范围比较特定（就概念来说，就是外延很小）而特征比较具体（就概念来说，就是内涵较大）。……从这个意义上说，车马、宫室、衣服、星宿、郡国、山川以及人的命名也是一种别名"[⑤]。程俊英、梁永昌合著的《应用训诂学》[⑥]一书指出"给事物命名，为了有区别，必须有大类的名称和从大类分出的小类或个体的名称"，并认为"事物大类的名称叫做共名，大类中分出的小类或个别事物的名称叫做专名"，"共名和专名所指的对象范围本来有区别，但在语言使用过程中，共名和专名往往可以转化"。

① 黎锦熙：《新著国语文法》，商务印书馆1992年版，第81—82页。

② 杨伯峻：《中国文法语文通解》，商务印书馆1956年版，第14页。

③ 王力：《中国现代语法》，商务印书馆1985年版，第18页。

④ 蒋礼鸿、任铭善：《古汉语通论》，浙江教育出版社1984年版，第75页。

⑤ 陆宗达、王宁：《训诂与训诂学》，山西教育出版社2005年版，第68页。

⑥ 程俊英、梁永昌：《应用训诂学》，华东师范大学出版社1989年版，第209页。

以上只是学者对专名比较零散的研究，在众多语言学论著中，陈建民的《中国语言和中国社会》[①] 比较值得我们关注，该书对专名进行了相对深入的研究和探讨。该书指出“专有名词指人名、地名和店名，俗称专名”，并明确提出了专名与普通词语相区别的四点特征：“第一，特指性。专名与具体的所指相联系，是某一具体的人和事物的特定标志。例如人名‘彭思禄’，特指我国核动力专家，中国工程学院院士。地名‘红场’，特指 1927 年 11 月 28 日广东海丰县苏维埃政权成立时命名的海丰县广场……由于专名的特指性很强，它比一般名词更具有稳固性。”“第二，指别性。用于专名的语言材料与一般词语不同，它们大都失去了原有的含义，主要作为一种指别符号，即有别于一般名词的指称关系。例如姓谷名雨的‘谷雨’，与作为 24 节气之一的‘谷雨’风马牛不相及。虎头山是山的形状像虎头似的，并不是说山上真有虎头。”“第三，趋同性。专名的同名现象较多。北京市名叫‘国庆’的人大约有三万之多。”“第四，专名的取名一般是有用意的。”这四点特征的论述，从理论上有值得商榷之处，但其对专名所进行的较为深入的思考却是具有深刻意义的。此外，刘叔新的《汉语描写词汇学》一书认为“代表着反映其一个体对象的特殊概念，不是代表一般的类别概念，成为专指某一特定个体对象的名称，是以称为专名词语”[②]，并把专名词语指称的对象概括为“个别的人、地方、国家、建筑、个别的政党、团体、机构、企业或某一具体的书文、报刊、作品”，进而明确专名所表达的概念，“不是一般的概括一类事物现象的种类概念，而是只反映个别具体对象的特殊个体概念”[③]。由此我们可以看出刘叔新主要是从概念视角区分了普通词语和专名词语。徐国庆的《现代汉语词汇系统论》认为“专名就是专有名称，语义上具有专指性词语的总称”，指出“专名的构成基础，应该是社会的语言应用和社会的语言心理，并不仅仅是客观事物”，并进一步阐明“专名的形成主要在于它与同类事物相区别的专指性，这种专指性是将该名称所指事物作为一个独立的个体来命名。而不是把它作为一类事物的集合体来命名”[④]。徐国庆进一步发展和完善了关于专名的界说，其对专名的论述对后学有一定启发

① 陈建民：《中国语言和中国社会》，广东教育出版社 1999 年版，第 136—137 页。

② 刘叔新：《汉语描写词汇学》，商务印书馆 2005 年版，第 181 页。

③ 同上书，第 253 页。

④ 徐国庆：《现代汉语词汇系统论》，北京大学出版社 1999 年版，第 184—187 页。

意义。

（二）西方的专名词语研究

早在古希腊时代，西方就开始了对于专名的研究和探讨，其中有代表性的是柏拉图的《克拉底鲁篇》（*Cratylus*），此文在论述名称来源问题时谈及了有关专名的看法。直到19世纪，则逐步形成了比较系统的专名理论，著名的英国逻辑学家穆勒（J. S. Mill）的研究就是从这一时期开始的。穆勒之后，西方有关专名的研究主要形成了两种理论，一种是由弗雷格（G. Frege）、罗素（B. Russell）提出，后来经维特根斯坦（L. Wittgenstein）、塞尔（J. Searle）等人修改和补充的“摹状词理论”或“描述理论”；另一种是由克里普克（S. Kripke）、普特南（H. Putnam）等人主张的“历史因果命名理论”。

虽然语言哲学家和逻辑学家关于专名问题的理论各有不同，但专名理论研究的一个基本点则是围绕专名的含义与指称这一关键问题展开的，其核心内容有：什么是专名的含义与指称？专名有无含义？专名有无指称？

穆勒的观点是，专名是没有含义的，源于它指示对象的属性，只是用来指称对象的，或者说只是用来称呼对象的名称而言。“摹状词理论”或“描述理论”则认为“专名和通名都具有各自的内涵或含义，它们实质上是一些缩略的或伪装的确定摹状词，或者至少与这些确定摹状词是同义的。命名活动就是在思想上把一组确定摹状词或一组特性与一个名称相关联，也就是说，它取决于命名的对象具有这样一组特性。”[①]“历史因果理论”的主要思想专名在表示历史因果联系上是具有意义的，“命名活动取决于名称与某种命名活动的因果联系，也就是说，我们在给事物命名时，所依据的并不是对名称的意义的了解，而是对某些历史事件及其因果影响的了解”。[②]

下面对西方专名理论的主要观点进行简要综述。

1. 穆勒关于专名无内涵的阐述

约翰·斯图尔特·穆勒（1806—1873），19世纪英国著名的哲学家、经济学家、逻辑学家和政治学家。穆勒最早明确提出了专名只有指称没有含义，这也是他关于专名的核心观点。在其著名的《逻辑体系》（*A Sys-*

① ［美］克里普克：《命名与必然性》，上海译文出版社2001年版，第2页。

② 同上书，第2页。

tem of Logic）一书中，穆勒认为，专名的主要功能就是给一个对象命名，它与对象之间的关系就是命名的关系，因此，专名有指称而无含义。他举例说：“‘Dartmouth’（达特茅斯）字面意为‘达特河口’，指的是英格兰的一个地方。最初命名时是因为此地处于达特河（Dart）的河口（mouth），但当达特河改道后，达特茅斯不再处于达特河的河口了，但我们仍称此地为‘Dartmouth’。”① 由此他认为，专名只是通过命名指示他们称呼的个体，但并没有指示或蕴含这些个体具有什么属性，所以，专名是只有外延没有内涵的。同时，他把专名和通名做了区分，认为：“通名通常被定义为那样一种名词，它们能够在同一意义上被真实地应用于不定数目中的每一个事物。”② 因此，通名是既有含义，又有指称的。

虽然穆勒在理论上第一次明确区分了专名和通名，但其专名无内涵的观点却遭到了后来很多人的批判，弗雷格和罗素便是其中最有代表性的。

2. 摹状词理论或描述理论

以弗雷格和罗素为代表的专名理论通常被称为“专名的摹状词理论”或“描述理论”。

戈特洛布·弗雷格（1848—1925）是德国著名数学家、逻辑学家，既是现代逻辑的创始人之一，又是语言哲学和分析哲学的创始人之一。弗雷格对逻辑哲学的一个重大的贡献是他区别了专名的含义与指称。

弗雷格他认为，专名既有含义，又有指称。他是以研究“a = a”与“a = b”这两个同一性公式的区别为出发点进行阐述的。他的观点是，“a = b”比“a = a”更具有认知价值，因为“a = b”比“a = a”包含更多的信息和知识。具体地说，“a = a”是属于先天分析性的，而“a = b”则能呈现人类需要获得的有价值的知识信息。有了这样的认识之后，弗雷格又提出了这样一个问题：“a = b”之间的共同关系究竟与何种关系相对应？他进一步分析，如果像穆勒认为的那样，命名关系是专名与其所指对象之间仅有的关系的话，换言之，专名只有指称没有含义的话，那么这种关系只有两种可能，或者是指 a 和 b 所指对象之间的关系，这种关系就是所指客体之间的关系，或者是指对象的名称之间的关系。但是不管是上述哪一种关系，都不能对“a = b”这类陈述为什么会具有不同于“a = a”

① ［美］克里普克：《命名与必然性》，上海译文出版社 2001 年版，第 20 页。

② Mill，J. S.，*A System of Logic*，1911：17，转引自冯棉《可能世界与逻辑研究》第 16 页。

的认知价值做出合理的解释。论述到此，弗雷格给出了他自己的回答，他认为，事实上，恰恰是因为符号 a 与 b 的含义不同，才使得“a = b”这类等同陈述能够具有不同于“a = a”的认知价值。根据上述的分析，弗雷格认为专名有指称，也有含义，并进一步区分了专名的指称和含义，认为专名的指称就是该专名所表示的对象，专名的含义则是所指对象呈现的方式，也就是对所指对象的描述方式。他说：“专名（词，指号，复合指号，表达式）表达它的含义，并且命名或指示它的指称。我们令指号表达它的含义并且命名它的指称。”① 为了能够更加形象具体地阐明自己的观点，弗雷格以“晨星”和“暮星”这两个专名为例论证了专名不仅是有指称的，而且还具有含义。他认为命题“晨星就是暮星”比命题“晨星就是晨星”更有认知价值，从而为我们提供了更多的信息和知识，其最根本的原因在于：命题中所包含的专名除了具有指称之外还具有含义。

伯特兰·罗素（1872—1970），英国著名的哲学家、数学家、逻辑学家和文学家。为了解决虚拟事物的存在性问题，罗素提出了“摹状词理论”。罗素不像弗雷格那样把专名和摹状词混淆在一起，他对专名和摹状词进行了区分，并给出了严格的定义，他说：“一个名字乃是一个简单的符号，直接指一个个体，这个体就是它的意义，并且凭它自身而有这意义，与所有其他的字的意义无关；一个摹状词由几个字组成，这些字的意义已经确定，摹状词所有的意义都是从这些意义而来的。”②

罗素把摹状词分为两种，即限定的摹状词和非限定的摹状词，而限定的摹状词就是专名。罗素的主要观点是，非限定的摹状词指向的是概念，而不是实在对象；限定的摹状词则指称具体的对象。在罗素看来，我们一般所理解的像“罗穆路斯”这样的专名实际上并不是专名，“‘罗穆路斯’这个名称实际上不是一个名称，而是一种删略了的摹状词。它代表一个人，此人做了如此这般的一些事情：他杀死了瑞穆斯，并且建立了罗马等等。它是那个摹状词的缩写；如果你愿意的话，它是‘被叫做罗穆路斯的那个人’的缩写。……因而，‘罗穆路斯’这个单词实际上是一种删略的或者是缩短了的摹状词，而如果你把它视作一个名称，你就会陷入逻辑

---

① ［德］弗雷格：《论涵义与指称》，《语言哲学名著选辑》，三联书店 1988 年版，第 6 页。

② ［英］罗素：《数理哲学导论》，商务印书馆 1982 年版，第 163—164 页。

的错误”[①]。

维特根斯坦认同罗素关于专名就是伪装的或缩略的摹状词的观点，但是，他认为，专名并不是一个摹状词的缩写，而是一簇或一组摹状词的缩写，这一簇或一组摹状词共同组成了专名的含义从而决定了专名的所指。例如，专名“亚里士多德”的含义就是描述其区别性特征的所有摹状词的总和。

上述弗雷格、罗素以及维特根斯坦等人的“摹状词理论”或“描述理论”，其核心内容是：名称所指对象具有诸多特性，专名和摹状词本身具有的含义同对象的某一具体特性相关联。

3. 历史因果命名理论

由于弗雷格、罗素、维特根斯坦等人的“摹状词理论”或“描述理论”对于专名和摹状词的相关论述存在着某些缺陷，个别问题并没有论述明确，克里普克、普特南提出了“历史因果命名理论”。索尔·克里普克（1940— ），美国逻辑学家、哲学家，他对于专名理论提出了与前人完全不同的看法。克里普克认为“摹状词理论”或“描述理论”不能解释人们为什么会对同一个名字从不同的方面加以理解，其没有从根本上区分专名和摹状词。他认为，名字是一个固定符号，而摹状词则是一个不固定符号或偶然符号。他说：“如果一个指示词在每一个可能的世界中都指示同一个对象，我们就称之为严格的指示词。否则就称之为非严格的或偶然的指示词。”[②] 克里普克认为，专名之所以为固定记号，是因为在某个对象存在的一切可能世界里专名都永远指示这个对象，也就是说他认为一个名字与该名字的承担者具有一种必然的联系。

克里普克不同意“摹状词理论”关于专名有指称也有含义的观点。他认为，专名根本就不具有含义。在他看来，某个对象用一个名字指称，这不是由这个对象所具有的某种独特的识别标记决定的，也不是由这个对象具有某些独特的特性决定的。在此基础上，克里普克提出了他的著名的“历史因果命名理论”。

“历史因果命名理论”的核心内容在于专名是借助于某些与这个名字有关的历史事实（命名活动）来指称某个特定对象的。克里普克指出，

① ［英］罗素：《逻辑与知识》，商务印书馆 1996 年版，第 293 页。

② ［美］克里普克：《命名与必然性》，上海译文出版社 2001 年版，第 27 页。

实际使用专名的情况是“有一个人，例如，一个婴儿诞生了；他的父母给他取了一个名字。他们对朋友们谈论这个孩子。另一些人看见过这个孩子。通过各种各样的谈话，这个名字就似乎通过一根链条一环一环的传播开来了”①。在这种理论中，不要求说话者必须知道他是从谁那里得到该专名的指称的，关键是那根实际的传递信息的链条。“在一般情况下，我们的指称不光依赖于我们自己所想的东西，而且依赖于社会中的其他成员，依赖于该名称如何传到一个人耳朵里的历史以及诸如此类的事情。正是遵循这样一个历史，人们才了解指称的。”②

总之，克里普克的“历史因果命名理论”的主要观点是：专名没有含义，只有指称，人们不是通过对专名含义的了解，而是根据人们对与某个命名活动有关的历史事件及其因果联系的了解，而获得专名的指称的。

第二节 课题的提出与研究的意义、方法

一 课题的提出

词汇作为一个由若干相互之间存在着各种关系的词汇成分构成的系统，在各种语言的不同发展阶段中形态各异地客观存在着。专名词语在整个词汇系统中是一个比较特殊的词汇聚合体。作为词汇系统的一员，专名词语具有与其他的一般词汇成分相同的性质，其特殊性从字面上集中表现在“专”字上，即作为词汇成分的专名词语与其所指的事物现象之间的关系是特殊的、专一的。这种特殊性、专指性使得专名词语与其他的一般词语在很多方面存在着差异。对于专名的研究历史悠久，但学术界大多从哲学、逻辑学、社会学、心理学、历史学、地理学、翻译学、人类学的角度进行研究，从语言词汇学方面进行的研究并不是很多。专名词语研究的逐渐活跃，是从20世纪70年代开始的，伴随着计算语言学和文化语言学的脚步接踵而来。但是，在相关的语言学学术论著中，对专名词语的研究和探讨缺乏研究的深度和广度。语法论著一般只用寥寥几笔，在名词的分类中论及专有名词是非量化名词中的一类；文化语言学论著中更多的是讨

① ［美］克里普克：《命名与必然性》，上海译文出版社2001年版，第69页。

② 同上书，第73页。

论社会文化与专名词语之间的关系，对专名的定义也是莫衷一是，并且把研究的重点直接放在人名和地名的文化考察上。对于专名词语的分类，各家的说法也是众说纷纭，目前仍未形成较为一致的说法。在专名词语的语言学研究中，人们更多的是把目光集中在具体的、个体的人名、地名等专名词语的研究上，这种个体性的研究是很有意义和价值的。但如果把专名词语作为一个整体的聚合放在某种语言的词汇系统中来考察，我们就会发现专名词语不仅能够形成一个比较特殊的专名系统，而且其内部分布是具有不同层次性的。专名词语的层级性表现反过来又可以印证专名的系统性。本书力图在前人研究的基础上，通过对现有语料的客观分析，考察专名词语系统及其在汉语词汇系统中的层级性分布。

二 研究意义

专名系统是由众多的专名词语组成的一个变动的、数量庞大的集合，专名词语的共时存在和历时发展是具有一定的内在规律的。研究汉语专名词语的性质，探究专名词语的特点，并将其置于整个汉语词汇系统中进行考察，从而探究专名词语区别于一般普通词语的本质特征，这是本书的出发点和落脚点，也是本书的研究价值所在。

本书在综合运用词汇学、语义学、认知语言学、心理学等相关学科的理论和研究成果的基础上，对专名词语进行全面系统的研究。我们期待着本课题具有以下几个方面的意义。

（一）构建汉语专名层级性体系，从系统中准确地分析专名的意义和用法

词汇总是处于一定的系统中，“语言的词汇是一个体系，每个词（以至每个词义）在总的体系网络中只占一席之地，同时又与周围的词及语义处于纵横交错的相互关系中”①。因此，本书将把专名放在系统中考察，准确地把握专名词语的独特意义和用法，并且在分析比较之后试图建立专名的层级性系统，揭示专名这一特殊词汇类聚的特质和内在规律。

（二）勾勒汉语专名系统的全貌，发现词汇系统的规律

所谓系统，主要包括两方面内容：第一，它是由许多成员组成的；第二，组成系统的诸多成员总是互相作用、互相制约的。在语言的语音、词

① 李锡胤：《词典的广度、深度，词义层次及体系》，《辞书研究》1986 年第 3 期。

汇、语法三大子系统中，语音系统的规律性最明显，语法的规律性次之。而词汇系统则是一个具有开放性特质的系统，词汇系统内部的成员随时都在发生变化，不断有新的词语产生，不断有旧的词语退出词汇舞台，这就给建立词汇系统并且探寻词汇系统内部的规律性增加了很大的难度。但是也正是因为一种语言的词汇系统中的词语是难以穷尽的，所以选取专名词语进行专类词语的词汇系统的解剖麻雀式的研究也可以发现一些词汇系统的特有规律。

（三）进行专名词语意义的系统性研究

词语意义的研究是词汇学的研究的一个重要内容。目前，在词汇学的词语意义研究中，很重视对词语意义关系的描写，着重分析同一类聚的不同词语之间的语义联系或者不同词汇类聚中的具体词语的语义差别。而对专名词语意义的成体系的研究却应该是个空白。本书力图从宏观概括专名词语的意义同时，对不同层面的个别专名词语的意义进行微观的描述，尝试从客观描述的基础上发现专名词语意义演变的一般模式。在本书中，将汲取认知语言学的相关理论对专名词语的意义演变进行合理的阐述，从而突破不同学科的界线，使其相互结合彼此互补，以期对专名词语意义的研究获得比较全面和深刻的认识。

（四）对辞书编纂具有一定的指导意义

词语意义的研究和辞书的编纂有着十分密切的关系。专名词语在不同类型的辞书中存在着不同的收录情况。各类专名词典在对专名进行收录时由于词典编纂者的收录原则及词典的使用对象等不同，形成了不同专名词典收录的专名词语在数量范围上的差异。然而，语文词典收录专名词语却是很特殊的，一般的情况是，语文词典收录专名词语是十分有限的。《现代汉语词典》是目前通行范围最广的、相对比较规范的语文类词典，但是经过我们的初步考察发现，其在专名词语的收录上存在着一些值得商榷的问题，包括专名词语的身份认定、专名词语的释义等。本书将对《现代汉语词典》（第6版）专名词语的收录进行穷尽的分析，从中既能使我们了解专名词语在语文类词典中的收录情况，同时又能发现其存在的问题，从而对词典编纂的完善做一点积极的工作。

三　研究方法

（一）共时和历时相结合

20世纪初，索绪尔提出了语言研究要从共时和历时两个平面进行，而且强调突出了共时研究的重要性，主张应把共时的研究作为语言研究的重心。共时和历时是两种不同视角的研究，从性质上看，二者有着本质的区别，但是用辩证的眼光进行审视，我们发现二者之间却也存在着客观的联系，以这种联系作为基点，在进行语言研究时如果将二者结合起来，势必会给我们所进行的研究带来全方位的令人信服的结果。在对汉语的专名词语进行研究时，我们将立足于汉语专名词语的共时考察，同时对个别专名词语进行历时的探源，从而更加准确地把握专名词语的流变。

（二）静态和动态相结合

要想清楚准确地描写语言词汇的性质、特点，势必要对其进行静态的研究和分析。在静态的研究中，考察语言词汇的客观存在，是必要的也是必需的。但是只停留在对语言事实的静态的描写上却是远远不够的，因为没有绝对的永远的静态，静态只是相对的，而动态的发展则是绝对的。随着社会的发展、网络的高速突进，专名词语在网络中存在着种种变异的表现，在变异中不仅存在着语言词汇要素的临时性变化，也存在着某些将要成为或已成为事实的变化。因此，在专名词语的研究中，我们会将静态描写和动态考释结合起来，多角度地论析专名词语的系统性及其层级性分布。

（三）宏观和微观相结合

专名词语的宏观研究指将专名词语置于广阔的空间和时间背景中，建立汉语专名系统，并进一步从总体上探讨专名词语在汉语词汇系统中的层级性分布；微观研究则是深入专名词语内部，细致深入地对其中存在的某一具体问题进行分析。在我们的研究中，宏观和微观相结合，以宏观带动微观，以微观扩充宏观，使专名词语的研究更加扎实、有力、深入而全面。

（四）描写和解释相结合

客观的描写与合理科学的解释，是从事语言研究最经常使用的两种方法。能够对语言事实进行客观的描写固然是必要的，如果在描写的基础上进行科学的解释则需要花更大的功夫、下更大的力气。本书将对专名词语进行客观描写的同时，归纳梳理问题并对其做出必要合理的解释，从而对专名词语的研究得出令人信服的结论。

第三节 研究的理论基础

一 词汇的系统性

由奥地利著名的理论生物学家贝塔朗菲（L. Von. Bertalanffy）创立的系统论的基本观，认为世界上的万事万物都是以各种各样的系统存在的。20 世纪语言学的特点之一就是强调语言具有系统性。对于语言的系统性，学界的基本看法是一致的，其实，从索绪尔（F. d. Saussure）开始，就普遍认为语言是一种结构，同时又是一种符号系统。

词汇作为语言的三大要素之一，是指语言里所有的或特定范围的词和固定短语的总汇，其在人们的日常生活和交往中起着重要作用，没有词汇的世界是无法想象的。在语言的三大要素中，词汇与语音、语法相比，对社会的发展变化最为敏感，词汇内部的成员处于不断的发展变化之中。因为词汇的这种特殊性就使得我们在研究其系统性时遇到了不小的困难。在肯定语言的系统性存在的前提下，如何看待词汇的系统性，词汇是否具有系统性，就成了词汇学研究中一个非常重要的问题，同时也是亟待解决的问题。词汇的系统性问题是总领词汇研究的一个很重大的问题，其涉及了我们对词汇进行研究时的不同角度。总的来说，有两种情况，如果我们认为词汇具有系统性，词汇是一个系统，那么我们就可以把词汇视为一个整体，从而研究这个整体的系统内部的结构以及系统内部各个子系统之间的联系与区别；如果我们认为词汇不具有系统性，词汇不是一个系统，那么我们只能对词汇进行零散的、个体的、相对独立的研究。由此可见，词汇是否存在系统性，不仅会对某种语言词汇的总体面貌的描写和认识产生影响，而且还会对词汇学中的具体词语、词义的理解和解释产生影响，从而影响到语言学方方面面的理论建设和研究。

20 世纪中叶以前，在汉语的词汇研究中，人们普遍认为词汇如同一盘散沙，每个词语以一个独立的个体孤独地存在着，或者说人们没有意识到词汇的系统性问题。从表现上看，古代训诂学着重对词语进行训释和考证，因此其对词汇所进行的研究是零散的，而现代汉语词汇学研究则多侧重于词的内部结构、词义的组成等方面，这时的词汇研究是以描写为主的，没有在系统理论的观照下进行汉语词汇研究。从 20 世纪 50 年代，学界开始思考词汇到底是不是一个系统的问题，半个多世纪以来，很多学者对词汇的系统性及其具体表现进行了比较深入的研究和探讨。最早提出词汇的系统性问题的是周祖谟（1955，1958），他主要从词义之间的联系说明词汇具有系统性，而后王力（1958）从同源词和同类词方面探讨了汉语词汇系统性的表现。黄景欣（1961）则最早拟专文《试论词汇学中的几个问题》论述词汇是具有系统性的，他认为可以将词汇的构成要素进行逐层的划分，各种词汇单位组合在一起构成词汇层，词汇层再组合构成整个词汇系统。高名凯（1962）把汉语词汇分为五种类聚：同族词类聚、同音词类聚、同义词和反义词类聚、主题词类聚、一般词汇类聚，认为词汇的系统性就体现在这五种类聚上。刘叔新（1964）则针对黄景欣的观点提出了自己的不同意见，他认为用黄景欣的观点不能证明词汇的系统性。刘叔新的此种观点一经发表就引起了学界对于此问题的广泛关注，从而引发了此后几十年关于词汇是否具有系统性的论争。其中有代表性的观点有，朱星（1981）认为词汇具有系统性，并认为词汇系统是由词音系统、词形系统和词义系统三大系统构成的，同时指出其中最主要的是词义系统。武占坤、王勤的《现代汉语词汇概要》（1983）也明确提出并阐述了词汇的系统性。与上述相反，邢公畹（1984）则否认词汇具有系统性，他是以语法为基准展开阐述的，认为词汇只是为语法这一“有序结构”提供“物质”和“能量”而存在的，这样就在不知不觉中把词汇看成是属于言语层面的东西了，从而把词汇排除在语言这个“耗散结构”之外。他的观点遭到了周国光（1989）、张素英（1991）等人的中肯批评。许威汉《论汉语词汇体系》（1989）一文则认为汉语词汇的系统性可以从同源词、同类词以及词汇复音化等方面来研究。90 年代，随着研究的深入，刘叔新对词汇的系统性有了与过去不同的新的认识，认为应该从词汇系统中进行汉语的词汇研究。在他的《汉语描写词汇学》（1990）中，根据词汇之间的相互联系把汉语词汇分成 11 种结构组织：同义组、反义组、对比组、分割对象组、固定搭配组、特定搭配组、互相依赖组、单向依赖组、挨连组、级次组、同语素词语组。这之后，学界对于汉语词汇的系统性基本上是持肯定态度的，学者们从不同的角度深入探讨词汇的系统性，并取得了可喜的成果。张志毅、张庆云的《义位的系统性》（1994）和《词汇语义学》（2001）在借鉴、吸收中外词汇语义研究成果的基础上，多方位地分析和阐述了义位这个词汇系统的基本单位的性质、特点以及内部结构，用大量的汉语词汇事实作为对象来分析描述语义场中的义位结构，进而宏观地从理论上论证了义位的系统性，这就把词汇系统的描写和解释有机地结合起来。詹人凤《现代汉语语义学》（1997）将词汇按照意义分为类属聚合体、对义聚合体、方位聚合体、处所聚合体和时间聚合体，从而彰显词汇的系统性。符淮青（1985，1995，1996）在进一步阐述周祖谟的观点的基础上，从汉语词群的系统描写来印证词汇的系统性。葛本仪《现代汉语词汇学》（2001）首先总结了传统词汇学对于词汇系统进行研究的成果，这其中也表达了自己的更加深入的想法，然后，她又在一些现代语义学的研究成果的基础上，具体分析了同义词、近义词、反义词、同位词、类属词、亲属词等词义类聚。李红印《现代汉语颜色词语义分析》（2007）以892个现代汉语颜色词为研究对象，对其词义进行了结构聚合分析，同时对颜色词的语义组合功能从动态的角度进行了探讨，在此基础上比较深入地阐述了词汇系统研究的理论和描写方法。

经过半个多世纪的探讨、争论和研究，词汇系统性问题才得以确定，学者们已基本达成汉语词汇具有系统性的共识。

从宏观上看，系统是一种普遍现象，不论自然界、人类社会还是思想领域都具有系统性。系统是由相互联系、相互制约的诸多要素组成的具有特定功能的综合的整体。语言的系统性已被大家所证实，语言系统又包含着很多子系统，每个子系统又是由若干的要素组成的，可见，语言的每个层次中都存在着系统。系统性是语言诸要素的共同属性。词汇作为语言的组成要素之一，也是具有系统性的，只不过，词汇系统的成员比较庞大，而且很不稳定，处于不断的变化当中，因此，我们说词汇系统是一个比较特殊的、开放的、动态的系统。正因为如此，我们在具体研究中很难把握和描写词汇的系统性。

本书在研究汉语专名词语时，是以词汇的系统性为前提条件的，也就是说我们将在整个词汇系统的大背景下探讨专名词语的系统性及其不同层级表现。作为词汇系统的子系统，专名词语也是成系统的。专名系统又与比它高一级的词汇系统有所不同，其系统性的把握和描写是本书力图解决的重要问题之一。如果我们能证明专名系统的客观存在，又会反过来进一步印证词汇具有系统性的观点。

二 词汇的层级性

系统的层级性是任何系统都具有的一个基本特征。所谓层级性是指事物或系统不同等级的分布和排序。系统论的观点在强调系统是由一定要素组合在一起而形成的同时，也强调这些要素又是由更低一级的要素组成的子系统。大的系统包含若干小的子系统，子系统又由处于其下一层级的子系统构成，这样就体现了系统的不同等级的分布，从而体现了系统的层级性特征。

索绪尔认为线条性是语言符号的重要特征之一，也就是说语言符号是平面的而不是立体的。他的观点遭到了后来学者的反对，英国语言学家弗斯（J. Firth）提出的“跨音段论”[①] 就证明语言符号是立体的而非线性的，这里所谓“立体的”就是不同级别的，就是语言的不同层级性。在语言的研究中，层级性作为语言系统的一个主要特征，引起了很多学者的关注。美国当代语言学三大流派之一的层次语言学开始于20世纪中叶，在其影响下展开了关于语言层级性的研究。从不同的角度、按照不同的标准认识和分析语言，语言的层级性会有所不同。但不管具体的分析过程怎样，其结果都是一致的，语言是以不同层级的形式体现着语言系统的存在。语言系统是由语音、语法和词汇三大子系统构成的，其中语音系统、语法系统的层级性特征比较明显，学界对其研究的成果颇丰，相关的研究也比较深入而具体。而由于词汇系统的特殊性，致使词汇系统的层级性探讨显得比较薄弱。从理论上讲，作为语言的一个非常重要的组成部分，词汇也是具有层级性的。但是，如果仅凭此种推理就得出词汇具有层级性结论，一定会遭到很多人的质疑。那么，词汇到底是否具有层级性？如何证明词汇的层级表现？

目前，学界对于词汇的层级性研究主要从以下两方面展开：一是从构成词汇的语言单位角度出发进行层级划分，把词汇分为构词词汇层和造句词汇层。二是从词义层面研究词汇的层级性，一方面，从宏观上建立词汇语义系统，并进一步探讨词义的层级性表现；另一方面，从具体的词语出发，研究词义的共时面貌，在此基础上分析和证明词汇的层级性体系。

---

① “跨音段论”（prosodic）是弗斯于1948年在“Sounds and Prosodies”一文中提到的关于语音的理论，其主要内容是，在一种语言里，区别性语音特征不能都归纳在一个音段位置上，例如，语调就不是处于一个音段位置上，而是处于前后相续的线条性的音段之外，笼罩着或管领着这整个句子的东西。如果我们把语调这样的跨音段成分算进去，语言的能指就不宜看作是线条的东西，而应该看作是立体的东西了。（参见冯志伟《论语言符号的八大特性》，《暨南大学华文学院学报》2007年第1期。）

研究的角度因人而异，研究的具体方法各有不同，但可以肯定的是，作为语言的一个重要组成部分的词汇，其系统性和层级性表现是客观存在的。应该说，词汇的层级性研究是现代汉语词汇研究的一个重要课题，研究过程带来的困难不应该成为我们否定研究对象存在的托词。本书将以词汇的层级性为理论依据，探讨专名词语的层级分布，进而建构专名词语的层级性体系。

三 认知语义观

认知原本是心理学的一个术语，指获取知识的行为或过程，包括知觉、识别、想象和推理等意识过程。从认知的角度研究语言，古已有之，但形成独立的一门学科——认知语言学，则始于20世纪70年代末80年代初。认知语言学的出现扭转了以索绪尔和布龙菲尔德为代表的结构主义语言学一统天下的局面。认知语言学作为认知科学和语言学的一门交叉学科，其目的是对语言对象给出合理的认知上的解释和说明。认知语言学认为，“抽象的心智活动不能脱离身体经验和形体。认知结构与身体经验密切相关，并且以感知、动觉、经验为基础，思维具有想象性。概念要么来源于经验，要么通过隐喻、转喻和意象发展而来；思维具有完形性和整体性；语言符号不是直接对应于客观世界，而是与概念结构保持一致”①。

认知语义学是认知语言学的一个重要分支，与传统语义观相比，其以“体验现实主义”为哲学基础，其中的认知词汇学，力主从词汇入手展开对词义的认知分析。本书在对专名词语的意义进行分析时，将会以认知的语义观②为指导，结合认知语义学的研究方法和原则，突出认知语义中的隐喻和转喻机制对于专名意义转化的作用，从而形成专名词语层级性体系的语义基础。

---

① 陈忠：《认知语言学研究》，山东教育出版社2006年版，第3页。

② 王寅把认知的语义观归纳为九个特点，即经验观、概念观、百科观、原型观、意象图式观、隐喻观、寓比观、象似观、认知模型与激活理论。（参见王寅《认知语义学》，《四川外语学院学报》2002年第2期。）

第四节　研究的主体框架

本书共分 6 章。

第一章为绪论部分，介绍研究的对象和理据；课题的提出、研究的意义和方法；课题的理论基础。

第二章主要论述了作为汉语词汇系统之一的专名系统的整体概貌。在明确汉语专名的构成单位的基础上，具体分析了汉语专名系统的各个组成部分，其中包括个别专名词语的典型分析。此外，本章还论述了专名词语的命名及其社会文化属性。

第三章集中阐述了汉语专名词语层级性体系的构建。在分析专名词语意义的基础上，讨论了构建专名词语层级性体系的理论依据及标准。对专名词语基础层、中间层和扩展层的性质特征、范围和语用功能等分别进行了深入的分析和探讨。

第四章对专名词语的翻译问题进行了论述。与一般的普通词语相比较，专名词语的翻译存在着特殊性。专名词语的翻译应遵循一定的原则，采用一定的翻译方法。对有代表性的专名词语的翻译进行了举例式的分析。

第五章主要讨论了专名词语的词典收录问题。首先尝试对专名词典进行了分类，其次概括分析了综合性词典和语文类词典收录专名词语的情况，最后以《现代汉语词典》第 6 版为考察对象，分析讨论了规范型语文类词典对于专名词语的实际收录情况。

第六章是结语部分。

第二章

汉语专名系统

第一节　汉语专名的构成单位

在构建一种系统之前，首先要明确该系统是由哪些单位构成的。从语言单位的性质上看，汉语专名系统的构成单位从整体上可以分为专有名词和专用短语两种。

一　专有名词

专有名词是指语义上具有专指性的名词。例如：

屈原	司马迁	鲁迅	奥巴马
北京	哈尔滨	纽约	惠灵顿
美国	俄罗斯	日本	新加坡
泰山	五台山	嵩山	峨眉山
长江	黑龙江	黄河	大渡河
汉族	蒙古族	藏族	纳西族
夏朝	汉朝	唐朝	清朝
金星	牛郎星	双鱼座	大熊座
红楼梦	水浒传	西游记	双城记
天坛	故宫	卢浮宫	凯旋门
贞观	永乐	康熙	宣统
佛教	天主教	回教	基督教
儿童节	教师节	青年节	圣诞节
阿拉伯人	日耳曼人	山顶洞人	印第安人

专有名词是名词的一个小类，其既具有与一般的普通名词的相同之处，同时又与普通名词存在着明显的区别。

从语义上看，二者皆可以表示人或事物的名称。“杯子”是对“能够盛饮料或其他液体的器具”的称呼，“阿 Q”是用来称呼鲁迅笔下《阿 Q 正传》中那个“精神胜利法”典型形象的。区别在于，专有名词具有语义的专指性，它所指称的是特定的人或事物；而普通名词则是对同类事物的共同属性和特征进行概括，它所指称的是具有相同属性或特征的一类事物。

从语法属性上看，二者的共同之处表现在，经常做主语和宾语；不能用重叠式表示某种语法意义；一般情况下，二者都不能直接受否定副词“不”的修饰①，具有名词的典型语法功能。其区别主要表现在以下两点：

1. 一般的普通名词可以无条件地受表示物量的数量短语的修饰，而专有名词则在一般情况下是不能受数量短语的修饰的。当然，这里我们强调一般情况，也就是说，在一定的条件下，专有名词也可以受数量短语修饰。例如：

> 赵得宝说，“三个臭皮匠，抵个诸葛亮。”（周而复《上海的早晨》）
>
> 我们的四化建设需要发扬雷锋精神，我们更需要千千万万个雷锋去推动四化建设。（《雷锋母校续写其日记 20 年达 1000 万字》，2010 年 6 月 17 日《长沙晚报》）

以上例子中的“诸葛亮”“雷锋”作为典型的专有名词都位于量词“个”（“个”是数量短语“一个”的省略形式）和数量短语“千千万万个”的后面。专有名词受数量短语修饰往往具有强调专有名词的作用，同时，这样的专有名词常常具有类化性质，与“臭皮匠”相对应的“诸葛亮”并不强调蜀国丞相“诸葛亮”本人，而是指像诸葛亮那样聪明睿智的人；“雷锋”只有一个，而“千千万万个雷锋”显然是指具有雷锋那样奉献精神的人。

---

① 在句子中成对使用或者连着说时是特殊情况，可以出现否定副词“不”修饰名词的情况，例如“人不人，鬼不鬼的”“什么美国不美国的”。

2. 一般指人名词加“们”和专有名词加“们”表意有所不同。一般指人名词后加“们”表示群体意义。专有名词所指的对象是特定的，因此，理论上是不能受表示群体意义的“们”的修饰的，但是，语言使用中却会出现“雷锋们”“阿Q们”这样的用法。通过分析，我们可以得出这样的结论，专有名词加“们”不再具有专指意义，而是泛指具有该专有名词显著特性的群体。这是相对于知名度比较高或显著度①比较高的专有名词而言的，如果是普通的专有名词，即显著度比较低的专有名词，例如，“张小莉们都来了。”在这句话中张小莉就是一个普通的人名，其后面加“们”的语法意义是张小莉等人，与张小莉一起来的人。

二　专用短语

专用短语指的是语义上具有专指性的固定短语。例如：

北京大学	中国作家协会	中华人民共和国
宁夏回族自治区	延边朝鲜族自治州	
青藏高原	英吉利海峡	山东半岛
中央大街	吉祥胡同	幸福南路
北海公园	人民大会堂	天安门广场
闽江小区	美霖家园	中北春城
万达索菲特大酒店	建设街鞋城	大润发超市
五四运动	南昌起义	卢沟桥事变
四世同堂	三国演义	红与黑
我爱我家	三枪拍案惊奇	玩具总动员
九阳豆浆机	哈飞汽车	美的空调
哈尔滨锅炉厂	太平洋保险公司	万科集团
汉语词汇学首届国际学术研讨会		南非世界杯

① “显著（salience）是知觉心理学的一个基本概念，是容易识别、处理和记忆的事物”（沈家煊：《转指和转喻》，《当代语言学》1999年第1期。）词语的显著度是指该词语所指的人或事物吸引人注意的程度。Giora 提出衡量词语显著度的四个标准：常规性、频繁性、熟悉性、典型性。（Giora，R.，*Literal vs. Figurative Language*：*Different or Equal*?，Journal of Pragmatics，2002，4.）

从构成成分上看，专用短语是词和词组合在一起构成的。虽然是由词和词组合而成的，但因其表示特定的事物名称，因此这种组合是非临时性的固定组合，这也是专用短语作为词汇成员的原因所在。

从数量上看，专用短语以学校名、机关团体名、企事业单位名、商品名及赛会名为主。凡是成立机关，开办学校、工厂、商店，研发商品，举办赛会等都要取个专有的名称以区别于其他已有的名称。在指称这些事物时，仅仅用一个词来表示是不够的，一般要有区别性成分和通用成分两个部分。区别性成分即专用短语中用以指称该事物的并能够与其他同类事物区别开来的构成要素，具有个体性、特指性和可鉴别性的特征。例如，“北京大学”中的“北京”，用它来与“清华大学”“南开大学”等其他高等院校相区别。通用成分则是专用短语中表示指称事物所属类别的构成要素，具有概括性、整体性和类别性的特征。例如，“北京大学”中的“大学”，其表明该专用短语是用来指称某所大学的，用以明确专用短语的所属类别。区别性成分和通用成分分别可以是一个词，也可以是词和词的组合。“北京大学”两个构成成分都是词，“太平洋保险公司”的区别性成分是词，通用成分则是词和词的组合——短语。

第二节　汉语专名词语的分类

对研究对象进行细致合理的分类，是进行进一步深入研究的基础。分类标准不同，分类结果就会有差别。根据不同的标准，可以对汉语专名词语进行不同的分类。汉语专名词语系统是由数量庞大的专名词语构成的，要想对这些专名词语进行科学合理的分类是比较困难的。关于分类的标准，需要注意以下两点：首先，分类标准要具有科学性。分类标准是否科学，直接影响分类结果的科学性，如果分类标准缺乏科学的严谨性，按照此标准划分出的类别就会前后矛盾，经不起推敲琢磨；其次，分类标准要具有一致性，如果分类标准不一致，就会导致所分类别有交叉情况出现，相应地，分类结果就不会处于同一个平面上。基于以上原则，我们对专名词语进行分类时，首先按照专名词语所指称的对象是否具有生命这个标准，把专名词语分为生命类专名词语和非生命类专名词语。非生命类专名词语又可分为自然类专名词语和社会类专名词语两大类。各类专名词语又有不同小类的划分。以上的这种分类能够穷尽一种语言词汇系统中的所有专名词语，在此基础上能够比较明晰地把该种语言的专名系统建立起来，汉语专名系统的建立就是如此。

一　生命类专名词语

生命类专名词语是指所指对象有生命或视为有生命的专名词语。主要包括人名、网名、动物名、神仙鬼怪名等。

（一）人名

人名是专名词语中非常重要的一个类别，不管人们对专名词语有何种不同的理解和认识，在谈到专名词语时首先想到的就是人名。具体地说，人名是用来称呼某个人的特指性专名词语。在人类社会中，我们用人名称呼某个人，与此同时，也是凭借人名区别不同的人。

1. 汉语人名的构成

汉语的人名是由姓和名两部分构成的，从排列顺序上，与印欧语有所不同，在汉语中，姓在前，名在后。汉语的姓氏以单音节为主，最多为双音节的复姓；名部分以单音节、双音节为主，最多为三音节形式。从总体上看，汉语人名的结构比较简单，音节形式比较简短。

（1）汉语人名中的姓

从数量上看，汉语人名的姓相对来说是可以有限列举的。“宋代《百家姓》只有 503 个，清代《续百家姓》是 1852 个，当代《中国姓氏大全》（陈明远、汪宗虎著）总计现代汉字姓氏达三千左右。”“这个数字已包括单姓、复姓以及某些少数民族的姓，如朴、覃、舒等在内。”① 汉语人名中的姓氏部分是具有历史传承性的，姓氏不是每个人可以随意使用的，它是从祖先开始一代一代继承下来的。因此，从使用角度来说，汉语姓氏用字具有稳固性和不变性。字形方面，即使发展到现代汉语阶段，姓氏中普遍存在的鲜为人知的生僻字，我们一般也不轻易改换成另一个同音的常用字。例如邴、俞、爨、砉、缑、妫、敫、逯、芈、亓、郗、佀、夐、禤，这些字在现代汉语中都是比较生僻的字，但在姓氏中却仍然使用着。在现代汉语阶段，随着简化汉字的通行，与简化字相对应的繁体字在通用层面已经不再使用，但在人名的姓氏中却存在着字形是繁体字的情

① 郑宝倩：《华夏人名与中国文化》，中国人民大学出版社 1993 年版，第 5—6 页。

况，在作为普通词语（或构成成分）时，我们使用简化的字形，在作为姓氏时却使用其固有的繁体字形，例如“藥”作为姓氏时我们使用这个历史继承下来的繁体字，当用来指药物时，我们必须使用其简化的形式——“药”。这种情况的存在，充分体现了汉语人名中的姓氏的历史继承性、稳固性和不变性。从字音方面，很多姓氏有其特有的读音，与指称普通语言单位的读音有所不同。“父”作为姓氏时的读音与“父亲”中的“父”的读音有所不同，姓氏的“父”要读成上声的“fǔ”而不是去声的“fù”。“父”作为姓氏时，为什么读“fǔ”而不读“fù”呢？《万姓统谱·虞韵》：“父：管仲称仲父，其后因氏。”① 原来姓氏“父”的意义来源于古代汉语多用于人名的男子美称的“父”，其读音为“fǔ”，通常也写作“甫”。

从共时和历时的角度考察汉语人名的姓氏，我们得出以下结论，汉语人名的姓氏数量是有限的，同时又具有较强的稳固性和历史继承性。

（2）汉语人名中的名

与姓氏相比，汉语人名中的名部分是比较复杂的。姓氏是人名中体现人名使用者家族传承的符号，而名则是代表人名使用者个人的符号，具有鲜明的个体性和专有性。这个代表个人的符号，由于是命名者个人创作的结果，因此其情况更加复杂。

汉语人名的名部分首先可以分为名、字、号三类。这三大类下面又有不同小类的划分。

①名

a. 小名（乳名、奶名、昵称）

小名，亲戚朋友间在非正式场合使用的表示亲切的称呼。对于一个人来说，小名可以不止一个，例如可以称呼同一个人“小明”或“明儿”。另外，小名往往是在成年以前使用的，成年之后，除特殊场合，一般就不怎么使用了。从形式上看，现代汉语小名有以下几种情况：

叠音式：贝贝、壮壮、美美、淘淘

前缀式：小丽、小华、小强、小明

阿芬、阿英、阿力、阿豪

后缀式：刚子、亮子、生子、东子

① （明）凌迪知：《万姓统谱》，文渊阁四库全书。

玲儿、花儿、宝儿、涛儿

*现代汉语小名中的一个特例——“小明”

在现代汉语人名系统中，有一个比较特殊的小名，即“小明”。对于母语是汉语的人来说，这个小名可谓家喻户晓。为什么这个小名会有如此高的知名度呢？按照常理来讲，与小名相对应的大名（法名）才是在正式场合当中使用的名字，是具有法律效力的，也是能够流传久远并且能够因为其所指称的人的知名度的提高而被大家所熟知的。而小名则通常是亲戚朋友间在非正式场合使用的称呼，小名的私密性决定了其使用要受到一定使用范围的限制，使用范围较窄的小名一般不可能被更多的人所熟知。但“小明”这个小名却是比较特殊的，在现代汉语阶段，这个小名既可以指称现实生活中某个具体的小名叫“小明”的人（一般指非成年人），此外，这个“小明”还有一个比较特殊用法，那就是当我们要举例讲述某个故事、笑话、脑筋急转弯等时，更重要的是说话人不突出或不强调举例讲述所及的人（常常是非成年人），这种情况下，我们就常常使用“小明”这个小名。例如下面这则笑话：

老师在课堂上对小明提问，小明站起来却一声不吭。

老师：小明？

老师：小明??

老师：小明！你怎么回事啊？你到底知不知道答案啊？好歹吱一声啊！

小明：吱——

在发笑之余，我们会发现，其实这种情况下使用的“小明”实际上是具有泛称意义的虚指用法，也就是说，此时的“小明”并不是真正用来指称现实生活中那个明确的叫“小明”的孩子，而是用来泛指某个孩子，不强调是谁家的具体的哪个孩子，因此，只采用小名的形式来表达而摒弃了名字前面的姓氏。“小明”原本与其他小名无异，就是指称某个人（未成年人）的昵称，其之所以可以在专指的意义和用法基础上形成泛称的意义和用法的原因何在呢？为什么其他的小名就没有像“小明”这样获得泛称某个孩子的意义和用法呢？其原因与“小明”在现代汉语中作为小名的使用频率有关。分析“小明”的两个构成单位，“小”是前缀性质的语素，是构成小名的一个较为凸显的形式标志，当然也隐含了年龄不大的意思；后面的“明”是整个小名意义的主要承担者，不管是取“光明”之意，还是取“聪明”之意，都寄托了命名者美好的愿望。这样，“小明”就成为小名中的佼佼者，成为现代汉语人名系统中一个十分常见、常用的名字。

在高频率地、广泛地使用之后，“小明”这个小名作为词汇成分的复现性就彰显出来，在具备了词汇成分的备用性和复现性之后，“小明”理所应当地成为小名的代表，进而顺理成章地获得了泛指一切小名的意义和用法。

b. 大名（官名、法名、学名）

大名是正式场合中使用的具有法律效力的名字。现代汉语中，大名与学名是同一个概念，但是在古代，学名一般是由老师来命名的，是在应考、出仕时使用的。汉语中的小名和大名，有的是有关联的，例如，小名是“小强”，大名是“宝强”；有的则没有关联，小名是“贝贝”，大名则是“子建”。大名与小名相比较最显著的特征为其是具有法律效力的，命名之后如果要想更改，一定要经过相关部门的审核和批准，任何人都不能随意更换。

c. 笔名

笔名是作者在创作文章或著作时为自己所取的名字。笔名不是每个人都有的，只限于那些有过文字创作经历的人才会使用。此外，笔名是人名所有者自己所命名的，有很强的自主性，其含义与笔名使用者的志趣、愿望密切相关。一个人依据自己的志趣爱好可以在不同的文章或著作中署不同的笔名，“鲁迅先生一生用过一百三十多个笔名，变换之快和使用之多，在我国文学史上，达到高峰，这与他思想的敏捷和行文的犀利有关。所以，在他笔下，笔名也成了战斗武器。”① 在鲁迅的一百三十多个笔名中，“鲁迅”是最为著名的，有的人甚至以为“鲁迅”就是他的本名，而不知道“周树人”是何许人也。

d. 艺名

艺名是从事表演艺术工作的人在本名之外所使用的名字。同笔名一样，艺名也不是每个人都有的，它的使用要受到职业的限制。在等级森严

① 马鸣春：《人名修辞学》，陕西人民教育出版社1990年版，第14页。

的旧社会，演艺事业是不登大雅之堂的，从事演艺事业的人被贬称为戏子，为大多数人所瞧不起，因此，另取艺名代替本名，以防辱没祖先。我国著名的京剧表演艺术家，在“四大名旦”中居于首位的梅兰芳，原名澜，兰芳则是他的艺名。可见，艺名和笔名一样，可以随着使用频率的增加和知名度的提高而逐步取代大名通行于世。

②字

汉语人名中的字，又叫表字，是与名处于同一层面的称呼。古人先有名，后有字。字一般为有地位、有身份、有知识的人所有，是一个人社会地位的象征或标志。一个人，除了名之外，为什么还要有字？“字是周代的产物。周人以避讳来敬事神明，既讳名不称，须命字来代替，这才是加字的主要原因。”①《礼·曲礼》：“男子二十冠而字，女子许嫁笄而字。”古时，男子到二十岁要举行冠礼标志已成人，此时才有字，女子到十五岁才允许出嫁，此时要举行笄礼，与此同时才有字。发展到后代，取字就没有严格的年龄限制了。

从意义上看，多数情况下，字与名是有一定联系的，主要表现为相同、相关和相反、相对。例如：毛泽东，字润之，“泽”与“润”同义；杜甫，字子美，古代对男子的美称用“甫”，“甫”与“子美”意义相近；唐代著名书法家柳公权，字诚悬，其中“公”与“诚”同义，而“权”与“悬”则相关，因为“权”是秤锤的意思，秤锤又是悬垂着使用的；韩愈，字退之，“愈”是胜过、超过的意思，与“退”意义正好相反。

名与字虽然表义上密切相关，但从使用上看，却有很大不同。一般情况下，长辈对晚辈、上级对下级可以直接称呼对方的名，有时本人也可以自称自己的名，这是一种表示自谦的用法；而晚辈对长辈、下级对上级或平辈之间却不能直呼其名，如果这样称呼则是十分不礼貌的行为，为了表示敬意，要称呼对方的字才可以。

通常情况下，名和字是一一对应的，即一名一字，但也存在着少数的一名二字、二名一字及两名两字的情形。例如：南齐王筠，字元礼，又字德柔；唐代张九龄，又名博物，字子寿；唐代号称为茶神的陆羽，字渐鸿，又名疾，字季疵。

---

①［马来西亚］萧遥天：《中国人名的研究》，国际文化出版公司1987年版，第93页。

在古代，字一般是由长辈赠予的，但发展到近现代，字则可以由自己来取，以表明自己的志趣、愿望。

在汉语中，也存在着名不彰显而以字行的情况。例如：现代著名诗人、作家、红学家——俞平伯，原名俞铭衡，“平伯”只是他的字。

③号

汉语人名的名字除了名和字之外，还有号的称呼。号又有别号、赠号、绰号的区别。

a. 别号（别字、字号）

别号是在名和字之外，人名所有者根据自己的居所特点或为了表达某种志趣而为自己所命名的一种称呼。名和字大多是由别人命名的，而别号则是自取的，因此又称为字号。例如：苏轼，因诗被贬后，自号“东坡居士”，以表达他逃避现实、怀才不遇的思想情绪；辛弃疾，因言落职后，自号“稼轩”，取“人生在勤，当以力田为先”的意思。

b. 赠号

赠号是他人赠予的，有集体号和个人号之分。集体号是对一个群体的赞誉，此群体成员往往具有超群的才华。“唐初四杰”是对唐初著名文学家王勃、杨炯、卢照邻、骆宾王的赠号；“唐宋八大家”是唐代韩愈、柳宗元和宋代苏轼、苏洵、苏辙、欧阳修、王安石、曾巩八位著名散文家的赠号。个人号往往是赞扬某个人的品德、才能、功绩所命名的赠号。例如：明代著名文学家归有光，赠号“震川先生”，这个赠号是对归有光反对前后“七子”拟古主义所做讲学声势之大的赞颂。也有的个人赠号是来自官职的，例如：唐代杜甫，赠号杜工部，是因为他在晚年曾经被举荐为检校工部员外郎。

c. 绰号（外号、混号、诨号）

绰号是指根据某人某方面的特征给其命名的本名之外的名字。绰号和赠号都是本名之外别人另取的名字，但二者在感情色彩方面有明显的区别。赠号是为了赞扬、称颂某人而加以命名的，是对被命名者的一种赞誉，具有强烈的褒义色彩，是一种较为正式的称呼；而绰号则含有亲昵的意味或带有憎恶、戏谑等贬义色彩，大多形象、生动、诙谐、风趣，是一种非正式的称呼。四大名著之一的《水浒传》中的一百零八将，每人都有昭示人物特征的绰号，“黑旋风”李逵、“花和尚”鲁智深、“浪里白条”张顺、“母夜叉”孙二娘，每个人物的绰号各具特色，能够生动形象地反映人物最突出的、最具代表性和典型性的特征。"绰号的特色是善于摄取认识印象和强调认识印象，它具有上古人命名的朴野成分，也带着现代人仍保留着的命乳名的猥俗成分。而妙处则又朴野又猥俗中，却能兼综事实，那人的形貌、性格、行为……言简意赅地勾勒出来，其特色征此，其文学价值也在此。"①

2. 汉语人名的分类

汉语人名可以根据指称的对象是否确有其人分为真实人名和虚构人名。

（1）真实人名

真实人名所反映的是现实社会中真实存在的人，包括各个历史时期汉族社会中出现的所有的真实的人名。这其中，既涵盖名垂千古的、被众人熟知的历史名人的名字，例如刘邦、项羽、李世民、武则天、李时珍、文天祥、毛泽东等，又囊括默默无闻、鲜为人知的普通老百姓的名字，例如王怀、李国豪、孙佳琪……虽然我们不知道这些人名具体所指的是哪个人，但是作为真实人名，这些人名客观地指称着千千万万的真实存在的汉族社会的成员（当然也可指称那些取了汉语名的少数外国人）。真实人名不会因知名度的高低而影响其作为人的社会代号的客观存在。

（2）虚构人名

虚构人名所指称的人在现实社会中并非真实存在，包括神话传说、影视剧作品、文学作品中的非现实存在的人名。例如牛郎、许仙、崔莺莺、许三多、严守一、贾宝玉、孔乙己。虽然虚构人名的所指是现实社会中不存在的，但其作为人名的符号性质却是客观存在的。与真实人名一样，虚构人名也寄予了命名者主观的思想愿望，特别是对于小说等文学艺术作品，为了突出作者所要表达的主题与思想感情，虚构人名往往具有极其深刻的寓意，因此，其含义具有深刻性、丰富性和复杂性等特征。这方面最为典型的例子当属四大名著《红楼梦》中的虚构人名了，正如所谓"《红楼梦》妙处，又莫如命名之切。他书姓名皆随笔杂凑，间有一二有意义者，非失之浅率，即不能周详，岂若《红楼》一姓一名皆具精意，惟圃图读之，则不觉耳！"② 小说中的"元春""迎春""探春""惜春"寓示

① ［马来西亚］萧遥天：《中国人名的研究》，国际文化出版公司1987年版，第203页。

② 洪秋蕃：《红楼梦考证》，上海印书馆1934年版，第10页。

着“原应叹息”的意思，从中暗示了四春的悲剧命运；“甄士隐”谐音“真事隐”，“贾雨村”即“假语存”之意，两个虚构人名暗示了作者“将真事隐去”“用假语村言敷衍一段故事来”的创作意图。可见，“文学作品中的人物命名是一种创作艺术”①。虚构人名不仅仅是作品中此人物区别于彼人物的标记符号，我们更应在作品所营造的特殊语境中去解读、探知其独特的意义内涵。

3. 人名在网络中的变异现象

随着互联网技术的兴起，网络正在广泛而深入地渗透到人们的日常生活中。纷繁复杂的网络语言揭竿而起、纷至沓来，人名在此过程中也悄然地出现了某些新兴的语言现象。

（1）什么是人名变异现象

在科学技术高度发展的今天，网络缩短了每个社会成员与世界的距离。今天，你也许只是一个默默无闻的普通人，明天，或许因为一件什么事你就可能成为众人皆知的“名人”，网络的力量在这里起到了绝对的推动作用。原本的普通人有一个普通的人名，而一旦成为“网络名人”之后，网民就会给他重新取一个名字，如周老虎、刘羚羊、张飞鸽、王云彩、董暴雨、杨不管、范跑跑、郭跳跳、姚抄抄、朱抢抢、蒋代代、余哭哭、王舔舔等。具体看下例：

周老虎站在审判台上，审判他的似乎不是庄严的法律，不是跳动的良心，而是台下的观众。（《周老虎用真实的谎言完成角色转换》，2008年9月28日《潇湘晨报》）

“刘羚羊认错了，张飞鸽认错了，那个湖南的华南虎造假者也认错了，这说明，谎言终究撑不了太久！”有网友这样感慨。（《“广场鸽”作者承认造假　网友质疑诚信稀缺》，2008年4月8日国际在线）

早前，江西天才少女因抄袭文章最终沦落成“姚抄抄”的事件依然记忆犹新，现在这位小作家张闻昕的走向又会如何？（《小作家出名后说“做人要低调”》，2008年10月10日《信息时报》）

据《长沙晚报》报道，大名鼎鼎的“范跑跑”已被辞退，贫困

① 余江涛、张瑞德：《西方文学术语词典》，黄河文艺出版社1989年版，第338页。

潦倒。(《"范跑跑"贫困潦倒　网友建议其办私塾做导游》，2008 年 9 月 24 日《武汉晨报》)

郭松民先生前些时候被称为郭跳跳，名声不太好。(《并购汇源：请莫很傻很天真》2008 年 9 月 5 日凤凰网)

司法要打周老虎也要管董暴雨（2008 年 9 月 19 日《东方早报》标题）

若然，"袁节约"之"节约说"，岂不是成了无的放矢?!（《李宝嘉再世，无须再写〈官场现形记〉》2008 年 9 月 25 日红网）

我们把这种某人因某事通过网络为大家所知，网民根据事件的特征为其重新命名的现象称为人名变异现象。通过这种方式得来的人名我们不妨称为网络人名。网络人名是由普通人名转化来的，我们把原来的普通人名称为人名原型。例如：周老虎（网络人名）——周正龙（人名原型）；范跑跑——范美忠（人名原型）。

网络人名不是我们一般常说的网络用户名（即网名）。网名一般是指网民在网络世界里的一个虚拟名称，包括上网时使用的用户名、登录名、昵称、账号等，如网、梅、羔羊、楚烟烟、飞龙在天、花映碧水我独怜、ZY、feng、oiusu1234 等。网名大多是网民自己取的（少数不具备命名能力的人可能会请他人代取），具有很强的自主性，而网络人名一定是人名所有者以外的人根据事件的性质和特征命名的，对于当事人来说具有很强的被动性。

（2）人名变异现象的语言学分析

①从形式上看

网络人名和普通人名一样，也是由姓和名两部分组成的。但是，普通人名可以是双字的、三字的，甚至是四字的，形式比较多样，而网络人名却只有三字的形式：姓为单姓；名为双名，形式比较单一。再进一步分析网路人名的名部分，我们发现有两种情况：

a. 名为叠音形式的

范跑跑、郭跳跳、姚抄抄、朱抢抢、蒋代代、余哭哭、王舔舔、赵光光、易逃逃、舒灰灰

b. 名为非叠音形式的

周老虎、刘羚羊、张飞鸽、王云彩、董暴雨、杨不管、袁节约、王幸福、余含泪

②从语义上看

网络人名的姓部分来源于人名原型的姓，而名部分则是体现人名所有者特点的部分。例如：

范跑跑　人名原型：范美忠，原为一名教师，因其在“5·12”汶川地震发生时丢下学生一个人跑出了教室而得名。

周老虎　人名原型：周正龙，因“伪虎门”而得名。

董暴雨　人名原型：董凤妮，山西省临汾市襄汾县新塔矿业有限公司尾矿库发生“9·8”特大溃坝事故之后，身为襄汾县委宣传部部长的董凤妮第一时间对外声称事故是由暴雨所引发的泥石流。

网络人名从语义理解上常常是通俗易懂的。如“跑”“跳”“抄”“老虎”“羚羊”“暴雨”“不管”，这些词语都是日常生活中常见、常用的，我们普通网民具有把它们拿来给当事人命名的能力，同时所命名的人名又很容易为普通百姓所理解、接受。

从感情色彩上看，网络人名往往具有贬义的色彩。网络人名大多为网民命名，其涉及的事件往往是社会所鞭挞的不良事件，网民从客观的角度对其进行品评，并为事件当事人取了诸如“范跑跑”这样的网络人名。

③从语用功能上看

a. 品评、表情功能

由网民命名的网络人名大多具有强烈的公众褒贬功能，因此，在某种程度上甚至可以将网络人名作为社会评价机制的一部分。人们把那些造假者、涉假者称为“周老虎”“刘羚羊”“张飞鸽”“王云彩”之后，对于其他跃跃欲试者起到了一定的威慑、抑制作用，还敢造假吗？小心也给你取个网络认知度、接纳度、传播度极高的网络人名。获得了“杨不管”“董暴雨”“袁节约”之名后，我们的党政官员们应该好好审视自己的言行，反省、思考怎样才能做一名真正的人民公仆。至于“范跑跑”“赵光光”“姚抄抄”们，在公众道德的监督之下，还会从容淡定、无所顾忌地去做那些受到大众非议的事吗？小小的网络人名表达了网络时代下普通百姓的情感

态度，这与我们过去所说的“善有善名、恶有恶名”是相一致的。

b. 描写、审美功能

网络人名与普通人名一样，都是一种指称人物的符号，但二者还有不同之处，具体表现在：普通人名基本上只是一种抽象性的符号，而网络人名则是描写性的。一个人出生后，姓是承继前辈的，名是由长辈给起的，这样的人名寄托了命名者的某种祝愿，但其仍然只是个抽象的代号，名字的寓意与人名所有者的品德、命运等没有必然的关系。因此，普通人名是第一层次的符号，是抽象性的，其主要作用是指称。网络人名则不同，网络人名是网民根据与人名所有者相关的事件特征命名的，因此是第二层次的符号，是描写性的，具有指称和描写双重作用。这种描写性符号是具有审美功能的，在语言生活中发挥着不可忽视的作用。

（3）人名变异现象的社会语言学意义

人名是一种语言现象，也是一种社会现象，人名的结构在一定程度上反映了一个社会、一个民族历史上或现时的社会、文化特征。由“周老虎”引发了国人诚信问题的大讨论，由“范跑跑”引起了有关国人综合素质的争议……网络人名作为互联网高速发展的产物，其诞生和迅速流传，背后都是一种民情民意的表达，对这种具有普遍性情绪的表达，我们不仅仅需要从文字学的角度去解读，更需要从社会学的角度去理解。只有这样，才能真正把握时代的脉搏，深刻理解我们这个时代。网络言论的自由，使得网络人名以势不可当之势在我们的语言生活中不断产生、继续发展着，这种人名在网络中发生的变异现象，应该引起我们语言工作者的深入思考。

（二）网名

网名是网民在网络世界中自由拟定的、标示其身份的区别性符号。作为生命类专名词语，网名是随着互联网的兴起和发展而产生的，可以说，网络是网名存在的大的背景语境。网络语境催生了纷繁复杂、形式各异的网络语言，而网名作为网络语言的重要组成部分相当程度地反映了网络对于当下汉族社会成员的影响。从范围上看，作为生命类专名词语的网名，包括网民在上网时使用的用户名、登录名、昵称和账号等，而不包括与网络技术有关的用户名。

1. 网名的构成

与一般的汉语人名相比，网名的形式更为复杂。从所使用的符号性质上分析，可以将网名分为汉字形式、非汉字形式、汉字和非汉字的混合形式三类。

（1）汉字形式

汉字形式的网名是指表层形式只由汉字或汉字的组合构成的。例如，“梅”“凝水”“花瓣雨”“纵横天下”“春秋士大夫”“挥着翅膀的猪”等。从音节形式上看，一个音节、八个或八个以上音节的汉字网名最少。由一个音节汉字构成的网名，所含信息量太少，而由八个或八个以上的汉字构成的网名则又比较冗长累赘，不利于网名的记忆和流通使用，因此，二到五个音节构成的汉字网名占据网名的绝大多数。其中，四字网名数量最多，究其原因，与汉语中四字语言单位的性质有关。对于汉语而言，四字语言单位既能表达丰富复杂的思想感情，同时结构形式又十分凝练，是内容和形式的最佳结合，因此，成为网名的最理想的选择。

（2）非汉字形式

非汉字形式的网名是指由非汉字的字母、数字或其他纯符号构成的。具体又可分为以下几种情况：

①字母网名

字母网名的数量不是很多，但若细致考察我们会发现其情况还是比较复杂的。

a. 英文单词类，例如：gamer、Miss fat、crystal、love、wood、baby、spring、dream、man、delete、so good、sky while、only a song。

b. 汉语拼音类，例如：haoxinqing、meili、jiaojianmin、lijiacheng、dingxin、beijixing、nongfu、tutu、shouzhuo。

c. 字母组合类，例如：qpzh、lb、LLL、mm、tm、abcd、kps、zqdc。

d. 字母兼英文单词类，例如：AudiLM、lovely－kp、Angel－sm。

②数字网名

数字网名包含两种情况，一种数字是有含义的和固定所指的，往往是生日年月日、固定电话号码、手机号码等，例如：19880225、13946328989、5717176、045182896706，另外一种则是随意命名的，例如：123、2222、711、250、88888888。

③符号网名

符号网名是指用除了汉字、字母、数字之外的符号构成的网名，包括单一符号和复合符号两种，例如：……、※、♁、@、#;???、

O（∩_∩）O、☆/☆、^-^、♀↓¯¯、◇◆¯¯¯◇◆。

④字母、数字、符号混合网名

a. 字母兼数字类，例如：abc123、lcf0308、dsl0451。

b. 字母兼符号类，例如：lcp&、z—z、wlx、↑hh、~j~s~、ctb♂。

c. 数字兼符号类，例如：80%、021※、8↑8、6666……、518 $。

(3) 汉字与非汉字的混合形式

这种类型的网名从形式上看，五花八门、纷繁复杂，充分体现了网名的随意性和个性化特征。

①汉字兼数字类，例如：香香518、241纯小伙、帅哥4545。

②汉字兼字母类，例如：非you勿kiss、妮子ty、寶ai呗。

③汉字兼符号类，例如：「我」、/谷雨/、扯淡;、乖,,,、小闹钟!、筱，布、~悠游~［斌］、月☆夜☆曲、★↗圣战不息、+→吖、空虚%、~宝宝~、余×香、冷水/我爱罗、幸福の味道、~没有办法~*~。

④汉字、字母兼符号类，例如：xū｜伪、、、、獨①無èr、叶/love东炎。

⑤汉字、字母、数字兼符号类，例如：ben^尛ㄱ—3、★帅hpl888~。

2. 网名的特点

与一般普通的汉语人名相比较，网名具有以下几个方面的特点。

(1) 形式的多样性

通过上面对网名的构成的分析，我们可以看出，网名的构成形式多种多样，可以由纯汉字构成，也可以由非汉字的字母、数字或其他符号构成，还可以由汉字与非汉字混合形式构成。

从网名的结构方式上看，偏正（“影子杀手”“很快乐”）、动宾（“驱使阴阳”“仰望星空”）、主谓（“尘土飞扬”“保质期延长”）、联合（“痛并快乐”“猫和老鼠”）、补充（“帅呆了”“爱到一万年”）、同位（“我们俩”“邻居小美”）、连动（“回家灌水”“落笔画出你”）、兼语（“放羊吃草”“喊我吃饭”）等各种常见的结构关系基本上都可以看到，而且还包括一些结构上比较特殊的或无法分析的汉字或其他符号的堆砌。例如：“当左手爱上右手”“如果你还在”是复句的分句形式，“人近在眼前，心远在天边”“下雨，没带伞”则是完整的复句形式，“烟酰胺腺嘌呤二核苷酸磷酸氧化还原酶辅酶”这样的网名让人不知所云，“Mぎ冇」茗≤”“：愛亇？生丶”这种由各种符号堆砌在一起构成的网名则更让人一头雾水，其结构方式无法做进一步的分析。

网名的音节结构也长短不一，短到只由一个音节就可以形成一个网名，长则可以长到八个音节以上。目前笔者能看到的最吸引人眼球、最长的网名是在西祠胡同社区中的一个名为“太子太保领侍卫内大臣钦点江苏巡抚”的网名。十六个音节，够炫目的！这与传统汉语人名的姓加名结构及二到四个音节的表现存在较为明显的区别，从而形成了网名形式多样性的特点。

（2）内容的庞杂性

从产生来源上看，网名有旧有的和自创的两种。旧有的网名是指直接使用为众人所熟知的、现成的人名、电影电视名、小说名、歌曲名等专名词语，例如，“斯巴达克”“真实的谎言”“红楼梦”“月亮代表我的心”。自创的网名是网民根据自己的喜好利用已有词语或符号组合创造出来的。

不管是旧有的还是自创的网名，其所涉及的内容是纷繁复杂的，涵盖了社会生活的方方面面。

①人物类网名

名人类：莎士比亚　本拉登　凯撒大帝　苏格拉底　卡西莫多缪斯　轩辕黄帝　晏子　勾践　西门庆　金庸　周润发　王治郅

普通人名类：张大红　孙益申　杨胖胖　陈希　小文　婷婷永刚

芸芸众生类：影子杀手　蒙面行者　ok小飞侠　逐浪客　大内密探　香香公主　格格HOCKEY　冰王子　幽境王子　倪二公子BAR斯文男生　倒影先生　阿一哥　流星小子　放浪兄弟　银河女生　占美妹妹　猪猪妹　西子姑娘　妖翼天使　黯然骗子　北欧海盗Viking　极度痞子　蝇木花道　过路人　游客甲　小伙计　打工仔臭皮匠　小牧童　傻蛋　高智商傻子　白国际　哑女　确实色盲　不醒人士　街头诗人　风雨哲人　外星人　天堂主人　都市稻草人　麦田守望者　亡之影者　全能舞者　宽带之子　黯然浪子

②动物类网名

雾风寒狼　北方网狼　善良的大灰狼　天峰十三狼　大漠雪狼

豆豆鱼　爱飞的鱼　与世隔绝的鱼　丢了翅膀的鱼，其名曰鲲
乌溜溜的黑眼猪　叼烟斗的猫　牵狼逛街的羊　流口水的兔子
精灵鼠小妹　北方的狗　　嘟嘟马　想飞的鸭子　刺猬小可爱
冰城飞狐　出林猛虎　天上的睡熊　记忆中的恐龙　瘦死的骆驼
千年虫　天蝎の蝴蝶　网上的蜘蛛　草原上的蚂蚱　寂寞的蚊子
风之别鹤　黄河之雁　恋恋青鸟　沙漠孤鸿　雨中飞鹭　火凤凰

③植物类网名

解忧草　孤独的薰衣草　狗尾巴草 vs 郁金香　天涯湘草
老榕树　早春新柳　丛林赤枫　叶自飘林　雾岛之樱
落泪玫瑰　网路昙花　彼岸蔷薇　死亡樱花　狮子座向日葵
柠檬树叶　公孙束竹　清水幽萍　今日斑竹　采帅哥的小蘑菇

④自然现象类网名

竹影清风　煦风行云　骤雨初晴　雪花飘飞　玉喋霜儿
燃烧的冰　凝云露　北方苍凉月　飞舞月光 晨曦骄阳
都市阳光　雨后惊虹　闪电光芒　雪舞银河　仰望星空
满天星 *^-^*　大漠孤星　今夜星光灿烂　　夏之夜
橙色天空　东方晓晨　　天空依然阴暗　脆弱的空气
沙尘暴　海市蜃楼　尘土飞扬　辐射　风旋　房凌

⑤山水地理类网名

上善若水　行云流水　绿水悠悠　凌乱如水　春江水
湘江 2001　我爱黄河　话说长江　心系黑龙江　洪湖水
加勒比海蓝　风影海　平静海岸　伤心太平洋　天涯海角
爱苍山　枫林火山　宝剑峰　鬼谷幽道　孤岛　迷失的地图
北国风光　神州行　橙色荷兰　纳木错　承德露露　漠河

⑥身体五官类网名

没有蛀牙　半张嘴　冰冷的唇　翘翘鼻　蓝额　海瞳
灰色的眼睛　怀恋头发　长了毛的心肝　富贵神仙手
坚实的臂膀　杨柳细腰　醉卧美人膝　记者小脚丫

⑦日用商品类网名

板凳　窗帘　簸箕　水桶　铁锤 小榔头　电灯泡
反方向的钟　蓝色手表　红铃铛　黑白天平 透明罐子
救生圈　弹簧　剪刀 刀片 口红　哈哈镜　黄书包
寂寞的 cd 机　哭泣的键盘　双色猫眼 se 外挂滤镜

⑧情感类网名

这段情　那份爱　惋惜的心情　褪色的回忆　我们的无奈
暧昧成伤　我不够爱你　双宿双飞　缠绵着到老　心里总是纠葛
多情不是放荡　猜不透你的心　此情不堪回眸　感情扰乱心绪
给你倾城温柔　六月人贪思念　忘了你给的伤　看着你很幸福
对感情很偏食　心不动则痛　眼 L 只有你的♡　爱情？放弃吧！

⑨军事武器类网名

石弓　古震剑　魂刃斩　双节棍　西风断刀　依天舞戟
追风箭　匕首与投枪　大炮 728　核弹头　威龙巡洋舰
cs - ak - 47　狙击手　单兵　司令　东方旅　百万雄师

（3）命名的随意性

网名的使用平台和语境是网络，人和人在非现实的虚拟世界中沟通和交流，你看不到我，我看不到你，网民彼此对对方的现实身份并不了解。在这种特殊的言语交际空间中，可以更大程度地彰显网民自己的个性，表达网民内心的所思所想。这样，在为确定自己在网络中的身份而命名网名时，网民就可以最大限度地发挥自己个人的主观能动性，取什么样的名字由个人自己做主，想取什么样的网名就取什么样的网名。这与一般人名的命名有很大的差别。在现实生活中，一个新生命诞生之后，有时甚至还未诞生，父母等长辈就开始咬文嚼字、认真琢磨如何取一个响亮而寓意深刻、寄托美好愿望的名字。这是一个严肃认真的命名过程，命名者的小心谨慎、绞尽脑汁不言自明。而网名的诞生则没那么复杂，不需太多的讲究，不受他人的干扰，只是凭借网民自己的喜好，只要与众不同，能够突出个性又能吸引他人眼球就好。

一个网民在不同的网站可以取不同的网名，即使在同一网站，在使用一个网名一段时间以后，发现此网名缺乏个性或不符合自己当时的心境，自己不喜欢了，便可以随时更换其他不同的网名，以至自己满意为止。正是这种随意性的命名心理造成了网名形式的多样性和内容的庞杂性。

当然，无限制的绝对的自主性是不存在的，网名的随意性有时也要受到某些限制。某些网站对网名的长度是有条件限制的，在多少汉字或多少字符之内命名，才是有效的网名，如果超出条件要求所限，你的网名就是无效的，例如，QQ 网名要求使用汉字最多不超过 6 个，英文或其他字符最长不超过 12 个；还有个别网站要求登录网名不能和已经注册的网名重复，这样在某种程度上对网名的命名起到了一定的规范作用。

（4）使用的隐蔽性

“网络上的交往是‘隐身’的，网名就是网民展示自身创造力的一个关键。”[①] 网民在网络上使用的网名具有隐蔽性的特点，所谓隐蔽性是指，网名作为一个网络符号很少负载网民的真实身份和信息。汉语传统人名的姓加名模式在网名中已很少见到踪迹，“逐浪客”“北方网狼”“随风而行”“麦田守望者”“坚实的臂膀”“双节棍”“忘不了你的爱”“采帅哥的小蘑菇”，诸多网名中我们不能知晓网名使用者姓甚名谁，网民真实的身份和个人信息被完全隐藏起来。一个网名为“大漠雪狼”的人，在现实生活中可能是一个柔情无限、弱不禁风的女子；网名叫“西子姑娘”的，也许是一个风度翩翩的美少年；名为“傻蛋”的网民，现实中可能是智商极高的高级知识分子……网名因为虚拟的网络世界而使其披上神秘的面纱，进而将此种隐蔽性发挥到极致。

---

① 于根元：《网络语言概说》，中国经济出版社 2001 年版，第 114 页。

网民在使用隐蔽性极高的网名时，有时是为了保护现实生活中自己的真实身份，有时是为了满足不同身份转化所带来的新鲜感，有时是为了戏谑或蒙蔽网络交流另一方而有意为之的小伎俩。不管何种情况，因为虚拟的网络空间和使用语境，网名势必会具有隐蔽性的特点，而正因为网名的隐蔽性特点，就带来了网名命名的随意性特征，进而使得网名表现为形式上的多样性和内容上的庞杂性等特征。

（三）动物名

动物名不同于一般的动物名称，一般的动物名称是对不同种类动物的通称，即大到恐龙、老虎、狮子、大象，小到蚂蚁、蜂鸟、蚊子、绦虫的各类动物名称。这些一般的动物名称应属于名称当中的通名，也就是表示类别属性的名称。我们这里讲的动物名指的是具有专指性或特指性的动物名称，即具体指称某个特定动物的特指性专名。动物名是用来称呼某个个体性动物的，是人们为某个动物所取的名字，这个名字专属于这个动物所有，是这个动物区别于其他同类动物的代号或符号。

在人类社会中，人与人之间的交际是必不可少的，因此，存在于社会群体之中的每个成员都具有区别于其他成员的符号或代号——人名。作为动物来说，非人类社会的主角，为什么还会拥有像人的专指性符号一样的动物名呢？

“动物是有神经、有感觉、能运动的生命主体，是人类赖以生存的自然界中能够主动展示自己活力和魅力的成员，它们和我们人类之间总有着诸多天然的相似点，和我们的生活密切相关。”[①]“动物是人类最亲密的朋友”，这是人类与动物之间关系的经典概括之语。动物名的获得，与动物和人类关系的密切程度是成正比的。所有动物之中，与人类的关系越密切的，越容易拥有属于自己的名字，反之，其只会像其他动物一样仅有一个表示类别的通名，而不会具有独特的、个性化的专名。这时的动物名，应该是此动物“身份”的象征，标示着它与人类的密切关系。

在动物名中，典型的、数量最多的、最被大家所熟悉的当属宠物名。宠物是所有动物当中与人类关系最为密切的，它和我们人类一样，生活在一个现实的家庭之中，受到人类万般宠爱，甚至成为一个特殊的家庭成员。在这种情况之下，宠物名的获得就变得水到渠成、顺理成章了。反倒是，

① 王泽龙：《若干动物人格化别称及其理据》，《汉字文化》2004 年第 1 期。

一个身份是宠物的动物却没有属于自己的名字就会变得很奇怪，而不能被人们所接受。宠物与人类的特殊关系使宠物获得了其他动物所不具有的特殊身份（家庭成员），从而使得它们名正言顺地拥有了属于自己的名字。

除了宠物名，还存在其他的动物名。一个动物园中，有成千上万个动物，并不是每个动物都有名字，只有那些身份特别“尊贵”的动物，像大象、老虎、大熊猫等，或者是具有特殊“才艺”的表演明星，才有“资格”获得属于自己的名字。动物拥有名字是其“身份”“地位”的象征，如果一个普通动物取了一个名人的名字①，那么不管是这个动物还是为动物命名的人都会引起人们的关注，这也不愧是网络时代快速吸引人眼球的“好方法”。

当然对于那些具有“特殊身份”的、充当政治、文化交流使者的动物明星们，是一定要有名字来称呼它们的，而且它们的名字是不能随便命名的，是要经过比较慎重的命名过程，从而得到具有某种寓意和趣味性的动物名。作为我国“国宝”的大熊猫外形憨态可掬，性情温柔，没有攻击性，是和平的象征，同时又能体现中国文化，因此是充当“外交使者”的最佳人选。中国与美国的“熊猫外交”最早始于20世纪70年代，作为“国礼”的大熊猫“玲玲”和“兴兴”进入了人们的视野，此后，又有14只大熊猫相继赠送给日本、法国、英国、墨西哥、西班牙等国，每只作为“外交使者”的大熊猫都有属于它们自己的美丽、独特的名字。被称为动物界“活化石”的大熊猫，把中国人民的和平愿望与美好祝福带向了世界各地。

1. 动物名的命名

人类在给动物命名时，往往从以下几个方面进行：

（1）根据动物的叫声命名

动物的叫声是具有区别性特征的，因此，人类在为动物命名时，能够以最感性的动物的叫声作为命名依据。例如，狗的最常见的名字为“汪汪”，或者是音近形式“望望”“旺旺”；猫的名字中“咪咪”是最常用的，另外，还有包含声音语素的“大咪”“小咪”“臭咪”“靓咪”等名字。

---

① 2008年4月12日，深圳野生动物园网站发布了一则题为“中山小伙凌智鹏给认养的深圳动物园猕猴取名‘林志玲’”的新闻，引起了网民的广泛关注和讨论。

（2）根据动物的外形特征命名

动物的外形如同人类的外貌，不同的个体与其他同类相比较，一定具有区别性的外部形态特征。狗的眼睛上面各有两个颜色不同于身体颜色的斑点，我们就把它叫做“四眼”；称皮毛为黑色的动物为“大黑”“黑黑”“黑子”；皮毛较长的为“毛毛”“长毛”；身形稍丰满的叫“大肥”“胖胖”“嘟嘟”“球球”；身体强壮的叫“壮壮”“健健”；长得弱小的叫“豆丁”“小不点儿”；缺少一只耳朵的成为“一只耳”“独耳侠”。

（3）根据动物的性情特征命名

与人类一样，动物也具有不同的性情特征，性情活泼好动的叫“欢欢”“闹闹”；反应迟钝、行动迟缓的叫“笨笨”“慢慢”；聪明伶俐、通人性的叫“聪聪” “智多星”；比较娇气的叫“娇娇”；勇猛无畏的叫“威威”；喜欢让人抱的叫“抱抱”；喜欢睡觉的叫“觉觉”；调皮淘气的叫“淘淘”；性情乖顺的叫“乖乖”。

（4）根据动物的品种命名

动物的不同品种反映在动物名里也是比较常见的，例如，虎皮鹦鹉叫“皮皮”“小皮”“大皮”；波斯猫叫“波波”“波斯”；西施犬叫“施施”“西施”；金毛犬叫“金毛”；哈奇士犬叫“奇奇”。

（5）根据已有专名词语命名

已有专名词语是指具有一定知名度和认知度的专名词语（人名、地名等），用已有专名词语给动物命名，好记好用，同时又能够提高被命名动物被关注的程度。“克林顿”“本拉登”“成龙”“罗密欧”等名字，已经不是我们熟知的人名，而变成不同动物的名字了；“泰山”“黄河”也由地名变成了动物名；“米老鼠”“唐老鸭”“史努比”已经不是专有的卡通动物名，而是一般的动物名字了。用已有专名词语命名的动物名，因为凭借已有专名词语的知名度而成为动物名中的佼佼者。

（6）根据命名者的寄望命名

如同人名一样，动物名往往寄托了命名者的美好愿望，这时的命名过程更像是命名者内心情感愿望的外现过程。例如：希望动物能带来福气、好运、财气的叫“来福”“阿贵”“旺财”“财财”；盼望团圆和睦的叫“团团”“圆圆”；欢庆胜利的叫“庆庆”；祈求平安的叫“平平”“安安”。

2. 动物名的结构形式

从结构形式上分析，动物名主要有以下几种类型：

（1）叠音式①

叠音形式的动物名占据了动物名的大多数，这与叠音形式表示亲切、喜爱的感情色彩有关。例如：

咪咪　嘎嘎　叨叨　汪汪　屁屁　笨笨　蛋蛋
乐乐　嘟嘟　欢欢　兜兜　乔乔　聪聪　贝贝
妞妞　丹丹　丫丫　露露　花花　仔仔　闹闹
团团　康康　球球　毛毛　多多　朋朋　豆豆
路路　点点　歪歪　丁丁　丢丢　丑丑　淘淘

（2）复合式

由不同语素构成的复合式动物名中，附加式的数量较多，偏正关系的次之，其他关系的也有不同数量的分布。例如：

卡儿　雪儿　妞儿　琳儿　福子　黑子　强子
小白　小黑　小花　小雨　小奇　小乖　小Q
大灰　大黄　大傻　大奔　大赖　大圣　大胖
阿宝　阿贵　阿福　阿娇　阿珠　阿勇　阿仁
雪狼　特工　麻团　胡豆　风神　凌云　开心
Q宝宝　雪宝宝　猪贝贝　狗DD　点仔仔

（3）英文人名式

近年来，伴随着各种洋化现象的兴起，动物名中也出现了完全是英文人名形式的洋名。这种具有时尚感的洋名不仅反映了命名者崇洋的心理，也体现了专名词语的时代性特征。例如：

Adela　Belinda　Cherry　Daisy　Elaine
Frederica　Geraldine　Harriet　Ingrid
Kennedy　Lambert　Marico　Newman

① 这里所说的叠音式包括音节的重叠和语素的重叠两种情况。

（四）神仙鬼怪名

人类社会产生之初，人类自身的弱小、认知能力的有限加剧了对自然的未知性，这时人类需要寻求具有无限力量的各路神仙来崇拜，于是，天、地、日月星辰、风雨雷电、山川水火、各种动物、植物都被想象成神仙；同时，人类对生命的不可预知，致使人类想象每个生命死后会有灵魂寄居的另外的世界，好人升天堂，恶人下地狱，于是，在人类的想象世界中又出现了形象各异的妖魔鬼怪。伴随着神仙鬼怪这些人类想象的非现实形象的产生，各种神仙鬼怪名也就应运而生了。在汉民族的各种神话传说、宗教故事中，我们能看到各种各样不同等级和分工的神仙鬼怪名。神仙鬼怪是一个涵盖庞杂的综合体，指称它们的符号——神仙鬼怪名也有不同的分类，具体内容包括如下几种情况：

1. 神名

神名是用来指称宗教中天地万物的创造者和统治者的特指性专名。例如：

盘古　女娲　玉皇大帝（玉皇上帝）　王母娘娘
伏羲　神农　燧人　庄稼神　后羿　嫦娥
河伯　太上老君　太白金星　千里眼　顺风耳
风神　雨神　雷神　闪电娘娘　福神　禄神
财神　喜神　媒神　门神　土地爷　灶王爷

2. 仙名

仙名是指称神话传说中由人修炼而成的、具有超凡能力、可以长生不老的人物的特指性专名。例如：

铁拐李　吕洞宾　汉钟离　张果老　蓝采和
韩湘子　何仙姑　曹国舅　葛仙翁　麻姑
石钟真人　白石先生　白鹤道人　知命道人

3. 鬼名

鬼是迷信的人所说的人死后的灵魂，而指称这种死后灵魂的特指性专名就是鬼名。例如：

阎王 催命判官 煞鬼 黑无常（死有分、范无救）
白无常（活无常、谢必安） 鬼王 日游 夜游
牛头 马面 豹尾 鸟嘴 鱼鳃 瘟神 丧门神 夜叉

4. 妖怪名

妖怪名是指称神话传说中由动植物修炼而成的具有超凡能力的异类的特指性专名。四大名著之一的《西游记》中出现了许多颇有知名度的妖怪名，例如：

黑风怪 黄风怪 黄袍怪 兕怪 狮猁怪
巨蟒怪 白鹿怪 九灵元怪 百眼魔君
金角大王 银角大王辟寒大王 辟暑大王
辟尘大王 虎力大仙 鹿力大仙 羊力大仙
牛魔王 蛟魔王 鹏魔王 狮驼王 禺狨王
熊山君特处士 寅将军 奔波儿灞 灞波儿奔
凌虚子 精细鬼 伶俐虫 巴山虎 倚海龙
六耳猕猴 玉面狐狸 白面狐狸 九头虫 鼍龙
白骨精 琵琶精 黄狮精 玉兔精 老鼠精

5. 佛名

佛名是特指佛教中修行圆满的人的特指性专名。例如：

释迦牟尼佛（如来佛） 燃灯佛 阿弥陀佛 药师佛
弥勒佛 不动佛 毗卢遮那佛 宝生佛 不空成就佛
观世音菩萨 文殊菩萨 普贤菩萨 大势至菩萨
地藏王菩萨 灵吉菩萨 日光菩萨 月光菩萨
托塔罗汉 探手罗汉 过江罗汉 芭蕉罗汉
静坐罗汉 骑象罗汉 看门罗汉 降龙罗汉
举钵罗汉 布袋罗汉 长眉罗汉 开心罗汉
喜庆罗汉 挖耳罗汉 笑狮罗汉 伏虎罗汉
沉思罗汉 骑鹿罗汉

二 非生命类专名词语

非生命类专名词语是指所指对象是非生命的事物的专名词语，包括自然类专名词语和社会类专名词语两大类。

（一）自然类专名词语

自然类专名词语是指所指称的事物现象本身是客观存在的，其产生、存在和消亡与人类社会不具有同步性的专有名词。当然，自然类专名词语所指称的事物与人类具有密切的关系，二者相互影响相互依存。

1. 地名

地名是专名词语中除了人名以外的另一重要类别。具体地说，地名是指称某个地理实体的特指性专名。地名是人类社会发展到一定阶段的产物，其所指称的地理实体是我们人类赖以生存的空间，给予不同地理实体不同的称名是人类生存的必然。在语言交际中，地名发挥着很重要的作用，我们既用它指称不同的地理实体，同时又凭借它区别不同的地理空间。

（1）地名的构成

一般地说，汉语的地名是由区别性成分和通用成分两部分构成的。区别性成分是专属于该地名的特有构成成分，而通用成分则是表示该地名的所属类别的构成成分，例如："黑龙江""黄河""双峰山""滦县""内蒙古自治区"这些地名中，"黑龙""黄""双峰""滦""内蒙古"分别是地名的区别性成分，正是这些区别性成分的存在才使得这些地名区别于"澜沧江""大渡河""莲花山""宾县""西藏自治区"；地名的另外的组成部分"江""河""山""县""自治区"则是表示这些地名所属地理实体类别的通用成分，对于"黑龙江""黄河""双峰山""滦县"这样的地名而言，通用成分的存在是十分必要的，如果将其省略，就会不知所云，失去了地名的意义，而像"内蒙古自治区"这样的地名，在语言使用中，则可以将通用成分省略，只保留区别性成分，这种省略是不会引起语义的混乱从而影响语言交际的。

从历时的角度考察，地名的区别性成分和通用成分是可以互相转化的。一方面，有些通用成分是由区别性成分转化演变而来的。例如："江""河"这两个成分在现代汉语中是典型的通用成分，而在古汉语中，"江"专指长江，"河"专指黄河，都是区别性成分。"洞庭湖"这个地名在现代汉语的分析中“洞庭”是区别性成分，“湖”是通用成分，作为区别性成分的“洞庭”在古汉语中原本是通用成分，“古人遇泽水干涸，水下地面冒出，若相隔绝，各成一泽。水盛时，则浩瀚一片，露出水面之陆地，又皆隐没不见。乃谓此乃地下水脉之潜通，而名之曰‘洞庭’。是‘洞庭’有通义，初不专指一水”[①]，可见，“洞庭”的原义就是湖泊的意思。

（2）地名的分类

①行政区划名（狭义地名）

行政区划名是指表示某一地点的若干层次大小不同的行政区域的名称，也就是我们通常所说的指称某个地点的狭义地名，包括国名、省名、自治区名、城市名、区名、县名、镇名、乡名、村名、屯名等。例如：

中华人民共和国　美国　英国　日本　澳大利亚
黑龙江（省）　河北（省）　宁夏（回族自治区）
北京（市）　上海（市）　天津（市）　哈尔滨（市）
南岗（区）　道里（区）　香坊（区）　动力（区）
宾县　延寿（县）　依兰（县）　通河（县）
延河（镇）　中和（镇）　六团（镇）　加信（镇）
红旗（乡）　玉河（乡）　寿山（乡）　安山（乡）
玉山（村）　长胜（村）　壮志（村）　四合（村）
永兴（屯）　义合（屯）　爱林（屯）　于家（屯）

在现代汉语中，构成行政区划名的通用成分一般可以省略，只有区别成分是单音节的例外，因为在现代汉语中表示事物名称的词语一般是双音节的，单音节的区别成分很难表达一个具有特指性意义的地名，而在古汉语中则恰恰相反，只存在区别成分的地名是俯拾即是的，《庄子》中的单音节地名主要有：“颁”“匡”“郢”“邹”“沛”“梁”“邓”等。

②水名

现代汉语中，水名由区别性成分和通用成分两部分构成，通用成分一般是不可以省略的，具有标明类别的作用，常用的通用成分有“江”

① 钱穆：《〈史记〉地名考》，商务印书馆2001年版，第6页。

“河”“水”“湖”“海”“洋”“溪”“泉”“池”“瀑布”等。例如：

长江　闽江　乌江　黑龙江　黄浦江　雅鲁藏布江
黄河　海河　汾河　沱沱河　大渡河　额尔古纳河
济水　溇水　丽水　浉水　渌水　浠水　浈水
洱海　太湖　西湖　鄱阳湖　莫愁湖　仙女湖
黄海　渤海　东海　南海
太平洋　大西洋　印度洋　北冰洋
瑶溪　南溪　磐溪　盐水溪　龙王溪　沐鹤溪
趵突泉　黑虎泉　珍珠泉　五龙潭　官家池
黄果树瀑布　马岭河瀑布　吊水楼瀑布　龙潭瀑布

“江”和“河”是典型表示河流名称的通用成分；“水”大多数情况可表示河流，例如：位于江西省赣江的支流“淦水”，源于河南在山东入海的“济水”，发源于青海流入甘肃的“湟水”，湖北省的“浕水”，湖南省的“溇水”；“湖”表示湖泊。“海”“溪”则比较特殊，“海”多数情况下是表示海洋的通用成分，但有的时候却也表示湖泊，比如位于北京城内的“北海”“中海”“南海”“后海”“什刹海”等；“溪”主要是表示溪水的通用成分，但有时作为通用成分的“溪”却不是表示山里的小河沟的意思，而是表示远远大于小河沟的普通河流，例如：位于浙江省绍兴市嵊州境内的“剡溪”，是一条由南来的澄潭江和西来的长乐江汇流而成的河流；泉名典型的通用成分是“泉”，但有时也用表水名的“潭”“池”等；“瀑布”是瀑布名的通用成分。

③山名

现代汉语中的山名也是由区别成分和通用成分构成的，但与水名不同，有的山名的通用成分是可以省略的，主要的通用成分有“山脉”“山”“岭”“峰”等。例如：

阿尔泰山脉　昆仑山脉　喜马拉雅山脉　唐古拉山脉
天山　阴山　岷山　大巴山　太行山　可可西里山
武当山　峨眉山　长白山　大雪山　念青唐古拉山
秦岭　云岭　南岭　仙霞岭　小兴安岭　伯舒拉岭

玉珠峰　乔戈里峰　博格达峰　珠穆朗玛峰　拉布吉康峰

④岛名

汉语中表示岛屿的通用成分有“群岛”“列岛”“岛”“半岛”“屿”等，例如：

东沙群岛　中沙群岛　西沙群岛　南沙群岛　舟山群岛
钓鱼列岛　澎湖列岛　南麂列岛　嵊泗列岛　渔山列岛
台湾岛　海南岛　崇明岛　普陀岛　广鹿岛
芝罘岛　黄岩岛　六横岛　白沙岛　灵山岛
辽东半岛　山东半岛　雷州半岛　穿山半岛
黄尾屿　赤尾屿　鼓浪屿　彭浪屿　江心屿

⑤平原、高原、盆地、沙漠名

因地形地貌的不同，汉语中常见的自然类专名还包括平原名、高原名和盆地名，例如：

东北平原　华北平原　松嫩平原　辽河平原　三江平原
青藏高原　黄土高原　内蒙古高原　云贵高原
准噶尔盆地　塔里木盆地　四川盆地　柴达木盆地
塔克拉玛干沙漠　腾格里沙漠　库布齐沙漠　柴达木沙漠

（3）地名的通用

上面我们分析了地名的构成以及各种地名的分类情况，通过各类地名的列举我们发现，在不同种类的地名当中，存在着相互通用的情况，具体有以下几种表现：

①水名用作行政区划名（狭义地名）

专名词语原本只是水名，但由于该水名在其所属地中处于非常重要的地理位置，并在人们的生产生活中发挥着重要的作用，因此，其所属地往往就以该水名命名。这时该专名词语除表示水名之外，或者降格成为所属地名的构成成分——区别性成分；或者去掉水名的通用成分只取其区别性成分（或部分区别性成分）而构成所属地名的区别性成分

（或部分区别性成分）；或者保留通用成分作为所属地名的部分区别性成分。例如：

连江（县）　尤溪（县）　松溪（县）　明溪（县）
黑龙江（省）　浙江（省）　冶河（镇）　嫩江（县）
沙县　罗源（县）　南安（县）　浏阳（市）　青海（省）
河南（省）　河北（省）　湖南（省）　辽宁（省）

“连江”“尤溪”“松溪”“明溪”分别是福建境内的水名，由这些水名作为区别性成分而构成其所属地名，“黑龙江省”得名于黑龙江，“浙江省”来源于“浙江”即“钱塘江”，“冶河镇”因地处“冶河”古道而得名，“嫩江县”由水名“嫩江”得名；“沙县”是由闽江支流“沙溪”而得名，“罗源县”是由水名“罗源溪”而来，“南安县”得名于“南安江”，“浏阳市”源自于“浏阳河”，“青海省”以“青海湖”得名；“河南”“河北”分别指“黄河”之南和“黄河”之北，“湖南”是指“洞庭湖”之南，“辽宁”的“辽”指“辽河”流域。

②山名用作行政区划名（狭义地名）

行政区划名以山名命名也是一种极为常见的地名通用情况，主要表现为山名成为所属地名的区别性成分，或者保留山名的区别性成分（或部分区别性成分）作为所属地名的区别性成分（或部分区别性成分），或者保留通用成分作为所属地名的部分区别性成分。例如：

东山（县）　龙岩（市）　游仙（区）　井陉（县）
福鼎（市）　长乐（市）　云霄（县）　霞浦（县）
福州（市）　泉州（市）　云南（省）　山西(省)　屏南(县)

“东山县”得名于山名“东山”；“长乐市”“龙岩市”“游仙区”“井陉县”“福鼎市”“云霄县”“霞浦县”分别是由“长乐山”“龙岩山”“游仙山”“井陉山”“福鼎山”“云霄山”“霞浦山”等山名而命名的地名；“福州”“泉州”分别因“福山”“泉山”而命名；“云南省”因在“云岭”以南而得名，“山西省”即“太行山”之西，“屏南县”因地处“屏山”之南而得名。

③行政区划名（狭义地名）用作高原、盆地、半岛名

用狭义地名给平原、高原、盆地、半岛等地理实体命名是比较常见的，这时，狭义地名作为平原、高原、盆地、半岛等专名的区别性成分的身份出现。例如：

东北平原　青藏高原　四川盆地　山东半岛

2. 星名、星座名

自然类专名词语除了与地表有关的地名以外，还包括宇宙空间中的各类星体名称。主要有星名和星座名两类，星名是指称某个星体的特指性专名词语；星座名是指称某个星座的特指性专名词语。例如：

金星　木星　水星　火星　土星
天王星　海王星　冥王星　北极星
启明星　牛郎星　织女星　牵牛星
水瓶座　双鱼座　白羊座　金牛座
双子座　巨蟹座　狮子座　处女座
天秤座　天蝎座　射手座　魔羯座

3. 台风名

台风名是指称某次台风的专指性专名词语。台风作为一种对人类来说具有破坏性的自然现象自古就有，但是作为专名词语的台风名却是近两百年来才出现的。台风是由热带气旋造成的，为了区分热带气旋，有必要给台风命名，这样就形成了台风名系统。汉语中的台风名往往是以平民百姓耳熟能详的事物命名的，比如说以大家熟悉的花、鱼、鸟、虫、神话中的人物等来命名。台风是一种灾难性的自然现象，我们人类都不希望它发生，但是又避免不了，因此，在给台风命名时往往隐含了人们的一种愿望，希望每次发生的台风带给人们尽可能少的不利、尽可能多的有利。例如：

蔷薇　莲花　海棠　百合　玫瑰　蒲公英
海燕　海鸥　天鹅　鸿雁　天鹰　凤凰

彩蝶　黄蜂　海马　鲇鱼　剑鱼　白海豚
龙王　悟空　海神　风神　天兔　玉兔
彩虹　彩云　红霞　夏浪　银河　北冕

（二）社会类专名词语

社会类专名词语是指所指称的对象是随着人类社会的产生而产生的，与人类社会有很强的依赖性的，从属于人类社会的专名词语。

1. 民族名

民族名是指称某个具体民族的特指性专名词语。人类社会形成后，不同的人群聚居在一起从而形成具有共同语言、共同文化、共同生活习惯和方式的各种民族，指称这些民族的专名词语相应地就在人们的语言世界中产生了。例如：

汉族　蒙古族　回族　藏族　维吾尔族　苗族
彝族　壮族　布依族　朝鲜族　满族　侗族
瑶族　白族　土家族　哈尼族　哈萨克族
傣族　黎族　傈僳族　佤族　畲族　高山族

我国是个多民族的国家，56个民族相对应56个民族名，“族”为民族名的通用成分是毋庸置疑的事实。

2. 人种名

人种是按照体质特征的差异把人所进行的分类，人种名是指称某个具体的人种的特指性专名词语。例如：

黄种（蒙古人种）　白种（高加索人种）　黑种（尼格罗人种）
棕种（澳大利亚人种）　美拉尼西亚人种　波利尼西亚人种

3. 语种名

语种名是指称某种语言的特指性专名词语。世界上大约有五千六百多种语言，每种语言都可以有专名词语对其进行称呼，例如：

汉语　英语　法语　阿拉伯语　西班牙语
俄语　日语　德语　西班牙语　拉丁语

4. 朝代名

朝代名是指称历史上某个具体朝代或历史时期的特指性专名词语。我国是一个历史悠久的国家，各个朝代的更替为我们留下了诸多的朝代名。例如：

夏朝　商朝　周朝　秦朝
汉朝　隋朝　唐朝　宋朝
元朝　明朝　清朝
春秋　战国　西汉　南朝
北魏　后晋　西夏　先秦

朝代名的通用成分“朝”也可以换为“代”。

5. 节日名

节日名是指称某个具体节日或纪念日的特指性专名词语，包括中国传统节日名、中国现代产生的节日名和世界范围的节日名。例如：

春节　除夕　元宵节　清明节　端午节
七夕节　中秋节　重阳节　腊八节　小年
妇女节　八一建军节　教师节　记者节
元旦　圣诞节　愚人节　情人节　母亲节
国际麻风节（日）　国际护士节　国际大学生节
世界湿地日　世界气象日　世界卫生日　世界动物日

大多数节日名是由区别性成分和通用成分构成的，只有少数节日名仅有区别性成分，如“除夕”“元旦”等。如果是由两部分构成的节日名，其通用成分有的可以省略，如“元宵节”“清明节”“中秋节”“腊八节”“端午节”“圣诞节”，这些节日名中的“节”是可以省略的，但像“妇女节”“愚人节”“国际大学生节”“世界湿地日”这样的节日名中的“节”或“日”却不能省略，如果省略则表示另外的普通词语的意义了。

6. 宗教名

宗教名是指称某一具体宗教的特指性专名词语，广义的宗教名还包括中国古代各种思想派别的名称。例如：

佛教　基督教　天主教　伊斯兰教
儒家　道家　墨家　法家　名家

7. 事件名

事件名是指称历史上曾经发生或当下刚刚发生的某一具体事件的特指性专名词语。事件的最大特点是其真实性，因此在事件名的区别性成分中会经常出现发生事件的时间地点、事件所涉及的主要人物、事件的核心内容等相关信息。这些存在于事件名中的相关信息既反映了事件的真实性，同时又形成了事件名与其他专名词语相区别的特殊性。例如：

八一南昌起义　九一八事变　五四运动　十月革命
戊戌变法　甲午战争　庚子赔款　辛亥革命
卢沟桥事变　西安事变　大泽乡起义　金田起义
李自成起义　方腊起义　宋江起义　黄巢起义
新文化运动　第二次世界大战　鸦片战争　北伐战争

事件名通常要提供一定的同该事件有关的信息内容，因此其音节形式比较长，少则四个音节，多达八个音节以上，例如“第二次国内革命战争”长达九个音节。

8. 机构名

机构名是指称各级学校、工厂、企事业单位、机关团体、组织机构等的特指性专名词语。此类专名词语是专用短语的代表，其构成单位都是词而非语素，相对应的音节形式则比较长。例如：

哈尔滨师范大学　北京第四中学　南开大学附属小学
长春第一汽车制造厂　中国工商银行哈尔滨分行
共产主义青年团　世界贸易组织　欧洲联盟　中国人民解放军

黑龙江省天正粮油食品进出口股份有限公司

机构名所指称的对象范围比较广，要想清楚地说明一个企事业单位或机关团体的名称，要涉及的信息量就比较大，因此，此类专名词语的音节形式也比较长，在语言运用当中就会出现相应的缩略形式，如“哈尔滨师范大学”“长春第一汽车制造厂”“共产主义青年团”分别缩略为“哈师大”“一汽”“共青团”。

9. 店名

店名是指称某一具体店铺的特指性专名词语。店铺与人们的日常生活密切相关，其名称对于经营者的重要性不亚于人名对于人的重要性。店铺的规模可大可小，店铺的种类也多种多样，称呼它们的店名更是数量庞杂、内容各异。例如：

糊涂火锅城　好清香大酒楼　古道茶馆　光华大药房
亚珠大酒店　晓风书屋　点水流香茶庄　南天竺书轩
董得吃食馆　嘉年名华国际家居广场　八面玲珑餐饮店
十德茶堂　舒心酒家　糖巢甜吧　茗仁茶业
辣椒王食府　红房餐厅　珍珠道粥铺　春常在花廊
大润发超市　远大购物中心　颐锦温泉会馆　追风车饰总汇
红豆家具　明轩灯饰　宝岛眼镜　宜室家居　思文电器
启明星影像　丽诗服饰　代代新美容美发　华祥苑茗茶
小薇精品婚纱　新发现户外用品　含香阁美食　福邦典当
住易行置业　巴黎春天百货　奈特沃通讯　艺缘画艺
怡泰照明电器　无所畏户外活动　花为媒婚介服务
欢乐颂量贩式 KTV　靠得住家政　家和橱柜

店名作为一种专名词语也是由区别性成分和通用成分构成的，店名的区别性成分具有指别作用，其纷繁各异自不必说，作为指称类别的通用成分也是比较复杂的。店名的通用成分中比较典型的是出现“店”“城”“庄”“馆”“行”“房”“楼”“市”“府”“厅”“堂”“业”“吧”“中心”“广场”“会馆”“总汇”等表明店铺的核心成分，但是这些核心成分往往不是孤立存在的，其前会有表示行业特点的成分与之组合，以

“店”为例，在店名中会出现“饭店”“旅店”“药店”“书店”“美发店”“料理店”“婚纱摄影店”“服装店”“家具店”“宠物店”“化妆品店”“玩具店”“床上用品店”“网店”等通用成分。店名的通用成分的另一种情况是不出现上述的核心成分，只出现表示行业特点的成分，例如“服饰”“家具”“车饰”“电器”“户外用品”“家居”“影像”“中介”“婚纱摄影”“厨具”“家政”“婚介服务”“典当”“美食”“量贩式KTV”等。

10. 楼盘名

楼盘名是指称某一具体楼盘的特指性专名词语。随着房地产的兴起和发展，各地大量兴建各种楼盘，楼盘名成为汉语专名中一道亮丽的风景。楼盘名是突出开发商创意理念的最佳平台，也成为楼盘竞争中的一个主要因素。例如：

名仁家园　义方家园　金源花园　豪江花园
山水嘉园　银马公寓　和城广场　荣耀天地
御河观景台　越峰商务楼　三青大厦　官塘世家
石梅山庄　九月庭院　海南公馆　民生国际
盛新领地　枫林时代　昆仑小区　祥泰人家
名流新城　清澜别院　兆南丽湾　紫泉花坊
金润豪庭　海上贵筑　国基名墅　公元名家
风雅乐府　上城名都　金山美域　民生新境
朗郡　品阁　泰和轩　叠翠苑　龙墅湾　丁香园
你好荷兰城　柏林四季　绿中海　金色莱茵

以上楼盘名都是哈尔滨市近几年新近出现的，从所举专名词语可以看出楼盘名中多数是由区别性成分和通用成分构成的，常见的通用成分有“园”“家园”“嘉园”“花园”“公寓”“广场”“大厦”“小区”“山庄”“公馆”“国际”“郡”“阁”“轩”“苑”“湾”等，有的通用成分是由“城”“院”“湾”“坊”“庭”“府”“都”“筑”“域”“家”“境”等核心成分与其他成分组合而成的。在楼盘名中存在着只有区别性成分而无通用成分的情况，如“你好荷兰城”“金色莱茵”等楼盘名就属于此种类型。

11. 道路名

道路名是指称某一具体的公路、铁路、街道等的特指性专名词语。

京哈高速　京沪高速　京台高速　京港澳高速
哈大高速　哈黑高速　哈绥高速　哈伊高速
沪陕高速　沪蓉高速　沪渝高速　沪昆高速
京哈铁路　京广铁路　京沪铁路　京包铁路
滨绥铁路　滨北铁路　滨州铁路　哈大铁路
沪宁铁路　沪杭铁路　津浦铁路　宝成铁路
红军街　兆麟街　承德街　买卖街　中央大街
中山路　新阳路　珠江路　衡山路　埃德蒙顿路
门楼胡同　板桥胡同　寿比胡同　黑芝麻胡同
辛安里　燕山里　泰安道　太原道　铁路巷　互助巷

公路名、铁路名往往是以该公路的起止地点命名的，“京哈高速”就是北京到哈尔滨的高速公路，“哈大铁路”是哈尔滨通往大连的铁路。在取地名时，一般的情况是缩取地名中的哪个语素是固定的、统一的，如“京”“沪”“杭”分别指北京、上海、杭州，在公路、铁路名中指称是固定不变的，但也有一个地名存在两种缩略形式的情况，如“哈绥高速”中“哈”指哈尔滨，而“滨绥铁路”中却用“滨”指称“哈尔滨”。公路、铁路名的指称应该是越明确越好，因此在缩取地名语素时应做到固定和统一。

街道名是城市发展和建设的产物，属于常见、常用的专名词语。街道名的构成中通用成分是不能省略的，常见的有“街”“路”“胡同”“里”“弄”“道”“巷”等。街道名的通用成分的选择与城市的历史和习惯有关，不同的城市、不同城市的不同历史时期，街道名的通用成分会有所不同。在现代城市的建设中，“路”是全国范围内普遍通用的一个具有代表性的通用成分，哈尔滨市新近建设的开发区，其街道名都是以“路”为通用成分的，而且作为区别性的成分则都是以山名和水名命名的，其规律是东西方向为水名，南北方向为山名，“赣水路”“汉水路”“黄河路”“海河路”“淮河路”“长江路”“珠江路”均为东西方向的，“华山路”“嵩山路”“衡山路”“泰山路”“玉山路”“千山路”则是南北方向的街道。这种命名体现了城市建设的规范化管理，给人们的日常生活和出行带来了一定的便利。

12. 场站名

场站名是指称某一机场、车站、码头等交通工具停靠站点的特指性专名词语。例如：

首都机场　南苑机场　浦东机场　虹桥机场
滨海国际机场　太平国际机场　白云国际机场
北京站　天津站　上海站　哈尔滨站
北戴河码头　汉沽码头　莱州港　东营港

由于机场的数量是有限的，因此机场名也是可以有限列举的，这种情况在专名词语中是比较少见的。车站名中的铁路公路站名是比较简单的，就是该火车汽车停靠所在地的地名，再加上表示车站名的通用成分“站”构成。相比较而言，市（县）内公交站台名是比较复杂的，其是以公交车行经的一定区间内有代表性的各类专名实体命名的。例如以下是哈尔滨市 68 路公交车的各站名：闽江小区、泰山路、省电力医院、湘江路、建北小区、玻璃钢研究院、红旗大街、横道街、西香坊、省医院、天鹅饭店、省政府、亚麻厂、和平桥、省中医药大学、三大动力路、林业大学、王兆新村、林兴路、哈师大、和兴路、和兴三道街、和兴十一道街、哈师大附中、哈理工大学、黑龙江大学、服装城、哈医科大学、医大二院、电影机厂、市客车厂、机电工程学校、哈达屯、新中新集团、东方学院、九三五厂，三十六个站名分别是以企事业、机关单位、街道、店铺、楼盘、标志建筑等专名实体命名的。码头名也是以地名为区别性成分的专名词语，其通用成分为“码头”和“港”。

13. 赛会名

赛会名是指称某一次具体比赛或会议的特指性专名词语。举办各种比赛或会议都需要特有的名称来指称，从而构成了林林总总的赛会名。例如：

第 29 届北京奥林匹克运动会　2010 年广州亚运会
2010 南非足球世界杯　2008 年澳大利亚网球公开赛

2005 年世界田联黄金联赛　2003 年体操锦标赛
2009 年 50 届奥林匹克数学竞赛
2010 年上海世界博览会
中国共产党第十一届中央委员会第三次全体会议
遵义会议　洛川会议　雅尔塔会议　波茨坦会议

作为指称某一次比赛或会议的赛会名，其构成形式往往比较冗长，短的四个音节，长的二十几个音节。造成这种形式特点的原因在于凡是具有特指性特点的赛会都是比较重要的，这种重要的赛会常常又是具有连续性的，举办不止一次、一届，因此为了区别不同届次的赛会，在赛会名中除了出现赛会的主题外还会出现赛会的时间、地点等信息内容，所提供信息内容的繁复最终使得赛会名表现出冗长的特点。音节形式较短的会议名往往是指称历史上影响力较大的、仅此一次的会议的名称，这样就不会造成混乱，具有专名词语语义的特指性特点，例如“遵义会议”是指中国共产党于 1935 年 1 月召开的一次独立自主地解决革命问题的会议，在中国共产党的历史具有非常重要意义的会议；“雅尔塔会议”是 1945 年 2 月第二次世界大战末期美、英、苏三国召开的一次极其重要的国际会议。

14. 品名

品名是指称某类具体商品的特指性专名词语。从定义上看，品名的指称对象与其他专名词语有所区别，其他专名词语的所指对象都是具有唯一性的，指称的是世界上独一无二的人或事物，而品名是指称某类商品的名称，指称对象不是唯一的，虽然品名的指称对象不具有唯一性，但从语义上来说仍然具有专名词语的特指性、专指性本质特征，即具有同一品名的商品是由特定的厂家生产并具有特殊工艺、技术等区别性特征的商品，用该品名与其他的同类商品相区别，从而突出了该商品是不同于其他同类商品的，这样就形成了特定指别的性质，从这个角度来说，品名的专名词语性质是毋庸置疑的。例如：

海尔冰箱　长虹电视　美的空调　艾米特电风扇
金立手机　华硕电脑　久量台灯　夏普加湿器
德生收音机　九阳豆浆机　小天鹅洗衣机　花光挂烫机
红心电熨斗　会好血压计　飞利浦剃须刀　香山人体秤

强生沐浴露　薇姿防晒霜　潘婷护发素　夏士莲香皂
佳洁士牙膏　卡西欧手表　哈飞汽车　科勤洁具
百丽皮靴　娃娃谷童装　乔安女装　七匹狼男装
完达山牛奶　里道斯红肠　好利来蛋糕　米旗月饼

商品的种类繁多，品名的数量也非常庞大。一个品名一旦被受众接受，获得一定的知名度，基本上就不会改动，从这点上来说看似命名比较自由的品名也是具有稳定性的。近年来品名出现了洋化的趋势，本来是国产的商品偏偏取个洋味十足的名字，其中的利益追求可见一斑。

15. 篇章著作名

篇章著作名是指称某一篇文章、某一本书、某一杂志、某一报纸的特指性专名词语。例如：

祝福　丑小鸭　荷塘月色　纪念白求恩
围城　红与黑　三国演义　平凡的世界
十月　读者　知音　小说月报　汽车之友
青年报　人民日报　黑龙江晨报　羊城晚报

篇章著作名中的篇名、书名与大多数专名词语由区别性成分和通用成分构成有所不同，它们不具有表示类属的通用成分，每一个命名都是特殊的，原本是一般的词或短语，一旦用作书名、篇名就变成了具有特指性的专名词语。“祝福”原来就是汉语中一个普通的词，这里指鲁迅先生创作的《祝福》；“平凡的世界”本来是汉语中一个普通的自由短语，作为书名是指感动一代人的路遥的倾力之作《平凡的世界》。杂志名中大多数是不具有通用成分的，但也有存在通用成分的，如“月报”“之友”等。报纸名的通用成分为“报”“日报”“晨报”“晚报”，有这些通用成分的存在，报纸的类别就一目了然；报纸名的区别性成分往往是显示受众群体的词语或是表示地点方位的词语。

16. 影视歌曲名

影视歌曲名是指称电影、电视剧、歌曲的特指性专名词语。同书名、篇名一样，电影名、电视名、歌曲名是不具有表示类别的通用成分的。例如：

英雄　风声　红高粱　红樱桃　孔繁森
英雄本色　美丽的大脚　妈妈再爱我一次
渴望　蜗居　潜伏　金大班　狙击手
家有儿女　老大的幸福　我的兄弟叫顺溜
爱　大海　天路　水手　青花瓷　甜蜜蜜
月亮之上　寂寞沙洲冷　不是因为寂寞才想你

影视歌曲名的构成单位可以是词，也可以是短语，有些甚至是较长的句式的表达，从音节上短至一个音节，长达十个音节以上。

17. 年号（元号）

年号是指称某一古代帝王用以纪年的名号的特指性专名词语。年号是帝王正统的标志，发端于中国，后来日本、越南、朝鲜、蒙古等受中国影响都使用过年号。“据清朝赵翼《廿二史札记》的考证，年号纪年是在汉武帝十九年（公元前 122 年）首创的。”① 中国年号的情况比较复杂，在清朝以前一个皇帝可能使用几个年号，清朝以后基本上是一个皇帝一个年号。例如：

光宅　垂拱　永昌　载初　天授
如意　长寿　延载　证圣　天册万岁
万岁登封　万岁通天　神功　圣历
久视　大足　长安

上面列举的十七个年号都是我国历史上唯一的女皇帝武则天的年号，她当属我国古代帝王中使用年号最多之人了，这十七个年号中使用时间最长的为四年，一般是一年就更换一个年号。到了清朝年号的使用就比较简单规范了，帝王和年号基本上是一一对应的关系，因此人们常常使用年号这个专名词语来称呼帝王。例如：

顺治　康熙　雍正　乾隆　嘉庆
道光　咸丰　同治　光绪　宣统

① 唐凌：《历史年代学》，广西师范大学出版社 1992 年版，第 113 页。

上面列举的“顺治”到“宣统”这十个年号，既是纪年的名号，同时又可以在使用该年号的帝王去世后用来称呼使用该年号的帝王。

以上对社会类专名词语所进行的 17 类划分，是社会类专名词语中最为重要的。人类社会所涉及的内容方方面面，因此还存在博物馆名、体育馆名 、天文台名、动物园名等社会类专名词语。

第三节　专名词语的命名

命名是专名词语形成的一个重要环节，其过程就是一个新的专名词语的创造过程。朗杰尔（Susanne K. Langer）认为，“象征符号的创造是人类的主要活动之一，如同吃、看或到处走动一样。这是大脑活动的基本过程，而且无时无刻不在进行着”①。“命名，作为人类对世界及自身的一切认识的基础，是人类与生俱来的一种基本冲动，是人区别于其他动物的关键所在。”② 命名所涉及的要素主要有三方面内容：首先，要有命名的客体，即所要命名的人或事物，命名的客体是命名的基础，一个新生命的诞生，一个新企业的开张，一个新楼盘的开盘……都需要对其进行命名，取一个特别指称该人或事物的专名词语是势在必行的；其次，要有命名的主体，即实施命名行为或活动的人，命名的主体可以是一个人，也可以是人数不等的团队；最后，对于命名来说必不可少的就是语言要素，即命名主体所属民族的语言符号系统，没有备用的语言材料作为专名词语的语言基础，也无法实现专名词语的最终命名。

一　专名词语的命名原则

专名词语本来只是指称某一特定的人或事物的符号，只要能够凭借它把此事物与彼事物（和此事物同类的）区别开来就可以了，无所谓好与不好。但一个专名一旦形成，进入一种语言的符号系统，从而成为人类社会生活必不可少的要素，一定既要在语言层面符合专名词语的内在要求而

① Susanne K. Langer, *Philosophy in a New Key*, New York: Harvard University Press, 1942: 24.

② 吴其南：《比喻：一种特殊的命名方式》，《温州师范学院学报》（哲学社会科学版）1996 年第 4 期。

具备其存在的合理性，同时又要在社会层面满足命名主体的某种寄予和愿望，因此，专名词语的命名并不是一个非常简单的以名指物的过程。

命名行为是伴随着一个民族语言产生发展的历史而产生发展的。早在春秋时期儒家创始人孔子就提出了“正名”的思想，见于《论语·子路》“名不正，则言不顺；言不顺，则事不成；事不成，则礼不兴”。“不怕生错命，就怕取错名”等通俗易懂的古语也揭示了命名的重要性。既然专名词语的命名是一个命名主体创造新的专名词语的过程，那么就应该像其他创造行为或活动一样必须遵循一定的原则。正如前节所述，专名词语是一个比较特殊的词汇类聚，其数量庞杂，种类繁多，不同类型的专名词语在其命名过程中会遵循不同的原则，但是既然同是专名词语的身份，总能在个体的差别中总结出相对一致、统一的原则。

1. 必要性原则

这是专名词语命名的最基本的原则，所谓必要就是特定的客观对象（人或事物）没有专名词语来指称，我们必须创造一个新的专名词语来指称它，或者原有的专名词语由于种种原因（不符合被命名者的心愿或不能准确地指称特定的事物）必须更换新的专名词语。如果是原本的专名词语已经为众人所接受，而且专名词语本身没有什么问题，那么就没有必要实施新的命名行为了。

2. 区别性原则

这是专名词语命名的最重要的原则，所谓区别性是指专名词语一定要能够将其所指称的特定对象与其他的同类对象区别开来，区别性越强专名词语在语言使用中的指称就越明确，这样就不会造成专名词语指称的混淆。

违背这一原则就会造成大量的重名现象的存在。一个专名词语指称多个指称对象，势必会给人们的社会生活造成或大或小的麻烦。在专名词语中，人名的重名是最普遍的，但又是不可避免的。2007 年一个名为“中国姓氏权威”的博客公布了“中国重名最多的 50 个姓名”，其中“张伟”成为重名最多的人名，全国共有 290607 人叫此名，“王伟”“王芳”“李伟”“王秀英”“李秀英”“李娜”“张秀英”“刘伟”“张敏”分别排在第二位至第十位，使用人数都在二十万以上。这个统计一方面说明“张”“王”“李”“刘”等仍是中国的主要姓氏，而“伟”和“秀英”则分别是男女名的代表，“秀英”是女名应该是没有争议的，因为在汉族男尊女卑的传统思想的影响下，男性不会取“秀英”这样典型女性化的名字，但“伟”却不是男性的专属。一种情况是在新生命没有诞生之前，命名者希望所生为男孩，在不知道命名对象性别的前提下，先入为主地以“伟”命名，结果所生是男孩，那么皆大欢喜，名实相符，即使所生为女孩，也因为名已确定不愿更改，而一味使用下去；另一种情况是分明就是女孩，但命名者取“伟”之“伟大”的意思，而致使女孩使用了男孩的名字。可见，人名重名的不可避免与人名命名的社会文化心理是密切相关的。二十几万人使用相同的名字，其区别性显而易见，这样的名字往往被人们称为俗名，进而在命名中避而远之。

对于一些具有市场价值的专名词语来说，区别性原则是最为重要的。例如品名、店名、楼盘名等，这些专名词语具有一定的广告功能，专名词语的好坏与其经济利益直接相关，因此这些专名词语则更需要具有强度较高的区别性。正是因为某些知名品牌等专名词语的影响力和号召力，致使某些企业在给其所生产的产品命名时仿拟已有知名品牌名，这种“傍名牌”的现象在当今经济社会中普遍存在。你有“可口可乐”“脉动”“康师傅”“伊利”“营养快线”“好吃点”，我就有“可日可乐”“脉劫”“康帅傅”“伊俐”“营养专线”“好点吃”，如果消费者不认真辨别，那么就会遭受这些“伪名牌”的迷惑，造成上当受骗的结局。可见，导致这种损害消费者利益行为的根源就在于专名词语的命名没有遵循区别性原则。

3. 大众化原则

所谓大众化是指所命名的专名词语对于称呼该专名词语的主体来说应该通俗易懂、简洁明了、易于接受。专名词语的主要功能是其指别性，指称对象同时区别同类的其他对象，要想做到指别明确，就相应地要求必须使用通俗易懂的词语来命名专名词语，避免使用生僻古怪的文字。现实的专名词语命名中，命名主体为了追求新奇、为了强调与众不同，往往会使用一些生僻古怪、大众不常见常用的文字，这种违背大众化原则的命名最终导致专名词语认读的困难，在某种程度上阻碍了专名词语的使用和传播，反而造成了适得其反的后果。

人名的命名是命名主体个人的行为，因此在使用非大众化文字命名时存在着很大的自由度，违背大众化原则的命名行为不能通过国家有关部门强制禁止。但是对于地名、品名、店名等专名词语的命名，国家相关部门却可以在一定范围内进行合理的规范。例如，地名中存在着大量的生僻字，从 1956 年到 1964 年，经国务院批准更改了很多生僻的地名用字，

“瑷珲”该为“爱辉”，“亹源”该为“门源”，这种有意识的规范行为就符合专名词语命名的大众化原则，有利于专名词语的广泛使用。

4. 审美性原则

“爱美之心，人皆有之”，命名要达到的一个更高的要求就是命名主体对于审美意识和审美倾向的追求，这种审美性可以具体体现在专名词语的音美、形美和意美三个方面。

音美是指专名词语的语音形式要谐调优美。汉语是有声调的语言，声调的错落有致能够形成音乐般的旋律，因此汉语专名词语是否响亮、是否悦耳顺口起主要作用的就是声调。“辛庆忌”“辛弃疾”两个人名比较哪个更顺口悦耳呢？前者是阴平—去声—去声的声调调配，两个去声相连，读起来拗口，听起来别扭；后者阴平—去声—阳平的组合，声调富于变化，自然就会达到读起来顺口、听起来悦耳的效果。

形美既要求专名词语命名使用规范的文字符号，同时又要兼顾文字符号结构形体的搭配组合。专名命名中避免使用繁体字、异体字等不规范的汉字符号，但现实的专名词语却存在这种现象。走在城市繁华的大街上，各种店铺招牌琳琅满目，个别店主为了吸引顾客的眼球，在店名中就会使用形体独特的不规范汉字，例如“鼎尚珠寶”中的繁体字，“羣力美食”的异体字等。“文字形态婉曲，书法又自昔美术的发达，对于字型亦易起审美之感想；集形成字，寓意于形，虽不发声，亦能心得，吾国文字，盖超耳治之境矣。”① 专名词语的命名除了形体要规范，还要讲究文字符号结构形体的搭配，例如“石磊”这个人名的使用频率很高，源于此人名的形体具有颇佳的审美效果。在各种专名词语的命名中应结合汉字符号的形体结构特点获取形体效果最佳的视觉符号。

意美在专名词语的命名中是最为重要的。专名词语的命名要体现命名主体的主观愿望，给予命名对象以深刻寓意，因此专名词语的意美主要表现在专名词语要传达深刻隽永、含蓄丰富的意义和情感。不落俗套的专名词语，意美是其突出的特点。“仇士良”“宋甘霖”“王婧文”“李碧萱”……人名中的美辞不胜枚举，“望海阁”作为楼盘名对消费者一定具有不可抵御的吸引力，“美衣美客”作为时装店的名字别具匠心、恰到好处，“婷美”内衣命名的玄机不言自明。

---

① 胡以鲁：《国语学草创》，商务印书馆1912年版，第119页。

以上是专名词语命名时所涉及的最为重要的四条原则，由于专名词语的复杂性，在具体命名时，四个原则同时遵守最好。当然也会存在几条原则相冲突的时候，如“狗不理”包子，“狗不理”的命名，从名称的表面上看，没有遵循审美性原则，但深入分析我们会发现，其是表丑实美的，原因在于其命名首先符合大众化原则，这样的专名更便于为广大语言使用者所接受并能够进一步随着时间的推移得到更为广泛的普及。

二 专名词语的命名方法

在遵循上述原则的基础上，如何给具体专名词语进行命名是一个十分实际的问题。对于“命名之道”的探寻，古已有之，《左传・桓公六年》：“名有五：有信，有义，有象，有假，有类。”“以名生为信，以德命为义，以类命为象，取于物为假，取于父为类。”在命名实践中结合不同专名词语的类型，会总结出不同的命名方法。但是对于大多数专名词语的命名来说有哪些通用的行之有效的方法呢？

1. 寓意命名法

寓意命名法就是一种结合汉字的表意特点赋予专名词语某种寄望、励志、祝愿等美好寓意的命名方法，是专名词语命名中最为常见的方法。

一个耐人寻味的专名词语，从命名角度要求其立意深远，内涵丰富，取字恰当合理。赋有某种寓意的专名词语在语言使用中最容易被人们认知、学习和记忆，这样就更有利于专名词语的传播和使用。人名“张弘毅”取自《论语》名句“士不可以不弘毅，任重而道远”，隐含着抱负远大、意志坚强之意；地名“常熟”“长安”寄寓年年丰收、长治久安的美好祝愿；品名“七匹狼男装”中的“七匹狼”昭示了符合男性特点的野性与阳刚；店名“好又多超市”命名简单寓意明了，自然会吸引消费者购物的脚步，“昌”“兴”“隆”“盛”“源”“茂”“发”在各种店名中不断出现。类似以上这样寓意深刻的专名词语是举不胜举的，由此可见，寓意命名法是专名词语命名中使用最广泛的一种命名方法。

2. 谐音命名法

谐音命名法是一种借助汉语音同或音近现象表达意思，从而取得“言在此而意在彼”的双关效果的命名专名词语的方法。汉语中存在着大量的音同、音近的汉字，“如果考虑到汉字形音义一体的本质，我们马上会发现同音字多的问题不仅不是汉语的一个弊病，而是汉语的一项重要特色。整个汉语文化，甚至可以说是一种谐音文化；整部汉语使用的历史，可以说离不开对同音字现象的妙用、巧用。可以说不懂汉语的谐音之妙，就不曾真正懂得汉语”①。“一音而同义或类义之字多，俨语偶语易于排比，唤起读者之注意而夺其心目。”② 可见，音同、音近字的大量存在是谐音命名法的基础和产生条件。人名“杨光”“刘念”分别谐音“阳光”“留念”，“皇和留”与“黄河流”语音相同，这样的人名当然很具特色，容易记忆和称呼；“王小鸭”是一种羽绒服的品牌，与著名主持人“王小丫”相谐，一种治疗心脏病的药品名为“心弃疾”，音仿南宋著名词人“辛弃疾”，这种仿拟名人人名而命名的专名词语，相信不用投资巨额的广告费就会收到很好的经济效益，谐音命名法在品名的命名中大行其道原因就在于此；作为服饰名的“衣衣不舍”、作为专门经营鱼类食品的店名“留有鱼香”分别与“依依不舍”“留有余香”这些现成词语相谐音，巧妙地运用谐音命名法宣传该店经营的产品，想必定会吸引受众的眼球进而收到意想不到但又是想象之中的效果；“金玉良苑”“丰水宝邸”作为楼盘名，分别谐音“金玉良缘”“风水宝地”，想要买房的消费者不会被其由谐音带来的美好的寓意所打动也是十分困难的。

3. 专名移用命名法

所谓的专名移用命名法是指此类专名词语移用做彼类专名词语的一种命名方法。简单地说，就是以已有的某类专名词语作为区别性成分来命名新的专名词语，这样就形成了非同类专名词语之间移用现象。

人名作为专名词语中一个非常重要的类别，可以作为区别性成分移用为其他类专名词语。在地名中，以人名命名的更为常见，有的是以人名中的姓氏命名的，其中以一个姓氏命名的最多，例如“薛家”“耿家”“陈庄”“王家村”“诸葛村”等，以两个甚至三个姓氏命名的也存在，例如“朱崔”“朱陈”“朋何石”；有的则是以人名的名部分命名的，例如“中山市”“茂名市”“志丹县”“尚志县”“弼时镇”等；还有的是以完整的人名命名的，例如“吴起县”“黄兴镇”“雷锋镇”等。人名除了移用做地名外，还可以命名为影视剧名，例如“霍元甲”“周恩来”“孔繁森”等；人名移用为街道名也是很常见的，例如“华佗路”“张衡路”“茅盾

① 潘文国：《字本位与汉语研究》，华东师范大学出版社 2002 年版，第 240 页。

② 胡以鲁：《国语学草创》，商务印书馆 1912 年版，第 119—120 页。

路”等；人名移用做店名，例如“秋林公司”“老头包子铺”“张记粥铺”“小云美发”“春梅仓买”等；人名移用为品名，例如“李宁运动服”“乔丹服饰”“丰田汽车”等。

地名也可以作为区别性成分移用为其他类专名词语。在人名中，人们通常会用已知的非常著名的地名来进行命名，“潘长江”“孙长安”“王北京”等；地名还可以移用做品名，例如“克东腐乳”“茅台酒”“北京电动轿车”“白沙绿茶”“五指山野菜”等；地名用为店名，例如“北京饭店”“天津烤鸭店”“泰山电子城”“新加坡酒店”等。

专名移用命名法还包括大的专名词语类别中小的专名词语类别之间的移用，例如地名中山名、水名移用做行政区划名，例如“无极县”（无极山）、“盐山县”（盐山）、“井隆县”（井隆山）、“青海省”（青海湖）、“黑龙江省”（黑龙江）、“巢湖县”（巢湖）等。

4. 数字命名法

顾名思义，数字命名法就是用汉语中表示数字的词语命名专名词语的方法。“‘数’在古人的世界观中占有非常重要的地位。古代哲人的很多认识、想法、理论都有数字的参与。可以说，中华文化的各个方面都离不开数字，中华民族是一个喜欢‘数’的民族。”① 表示数字的词语作为汉语词汇的一个组成部分，是构成新的词汇单位的很重要的语言材料，在各种词汇类聚中都普遍存在它的身影。与其他命名方法相比较，通过数字命名法创造的专有名词具有容易识别、容易记忆、利于传播等优势。因此，数字命名法在各类专名词语的命名创造中都被广泛地使用。

人名的数字有的是表示排行，例如“王二”“赵七”“李十二”“阮小五”，有的就是单纯的数字，例如“陈一”“许三多”“李四光”“张大千”。地名中的数字有的表示距离，例如“三里河”“七里山”“八里庄”“三十里堡”；有的表示排序，例如，哈尔滨香坊区与菜艺街交叉的几条街道就是按照一定顺序排列的，分别是“三辅街”“四史街”“五叙街”“六顺街”；有的是表示单纯的计数，例如“二道沟”“三岔沟”。用数字命名法创造的品名，会直接出现阿拉伯数字，这种非汉字的形式更会起到吸引人眼球的作用，例如“555 香烟”“101 生发精”。这种情况在店名、楼盘名等具有经济价值的专名词语中也有存在，例如“目标 369”是经营

① 王晓澎、孟子敏：《数字里的中国文化》，团结出版社 2000 年版，第 1 页。

服装的店名，“2 元店”是专门销售价格是 2 元钱的日用小商品的店名，“阳光 100”“学风 1991”是楼盘名。

第四节　专名词语的社会文化属性

专名词语是一种语言现象，也是一种人类社会普遍存在的社会现象。专名词语是人类社会发展到一定历史阶段产生的，当然不同类型的专名词语产生的时间早晚会各有不同，但是它们共同具有的社会性特征却是客观存在的。随着人类社会的发展，专名词语在人类社会不同历史时期呈现出不同的社会时代风貌。

“语言和文化的关系很密切，语言不能脱离文化而存在，文化也不能脱离语言而存在，语言和文化是共生、共存的。”[①] 作为语言词汇的一个特殊类聚，专名词语同时又具有鲜明的文化属性。“……专名的形成有很强的文化规定性，都是在人们强烈的参与下，在经过明确的文化选择后才获得的，在它们身上体现出来的文化因素是相当典型的。”[②] 一个民族在不同历史时期具有的文化特质，在专名词语中都会有所体现。

汉语的专名词语体现了汉族社会特有的文化内涵，这种汉民族特有的社会文化属性主要表现在专名词语的民族性、区域性和时代性。

一　专名词语的民族性

“由于语言和社会文化背景的不同，不同社会群体的人命名的原则各具不同特征。”[③] 不同民族的专名词语反映了不同民族的社会文化要素，从而体现出专名词语的民族性特点。相应地，汉语的专名词语体现和承载了汉民族特有的社会文化气质。

汉语的专名词语不仅仅是汉民族社会成员使用的具有特指性的简单符号，其与汉民族的社会发展、风俗习惯、审美追求、思想道德观念等密切相关。人名是专名词语中最具有典型性和代表性的，我们可以通过英汉人

---

① 游汝杰：《文化语言学引论》，高等教育出版社 1993 年版，第 16 页。
② 苏新春：《文化语言学教程》，外语教学与研究出版社 2006 年版，第 85 页。
③ 郭熙：《中国社会语言学》，浙江大学出版社 2004 年版，第 232 页。

名的比较来探讨专名词语的民族性社会文化属性。

英汉人名的基本构成方式基本相同，都是由名和姓两部分组成的（有些英语人名中还存在通常在正式场合下使用的中间名）。英汉人名构成方式的主要区别在于姓和名的顺序不同。汉语人名姓在前，名在后，而英语人名则名在前，姓在后。姓名顺序的不同恰恰体现了专名词语的民族性特点，“姓”是从一个家族祖先那里继承而来的，“名”是突出人名指称对象的、代表个体的。汉语人名姓前名后的模式，就反映了汉族人重视家族、血缘、群体的文化特质，而西方英语人名名前姓后的模式则体现了西方人突出强调个体、个性的特点。

英汉人名体现了不同的思想观念。汉族社会长期以来深受儒家思想的影响，汉语人名中也深深打上了儒家思想的烙印，例如汉语人名中经常出现“仁、义、礼、智、信”“温、良、恭、俭、让”等反映儒家思想和伦理道德的汉字。西方社会受基督教的影响深远，因此在英语人名中会大量出现与基督教有关的人名，如“克莱斯特”来自耶稣基督名 Christ，或者直接使用《圣经》中出现的人名，如 Adam（亚当，人类的始祖），John（约翰，耶稣使徒之一，意为上帝是仁慈的）。

汉语人名最避讳的父子同名，在汉族社会中如果晚辈取名与长辈相同，那是对长辈的最不尊重、最不恭敬的行为。英语人名却恰恰相反，为了表达纪念之情、崇拜之意，常常会出现子承父名，如圆舞曲之王约翰·施特劳斯就和他的父亲同名，中国人为了区别他们，分别称他们为小约翰·施特劳斯和大约翰·施特劳斯；法国著名作家大小仲马的名字都是亚历山大·仲马。

二 专名词语的区域性

一个民族内部的不同分布区域具有各自不同的风俗习惯和地域文化，在此基础上形成的专名词语也会具有不同的区域性特征。“地名作为具体地方的指称，常常受区域内语言、地理环境、民俗、历史的约束，呈现着较为明显的地域（地区）特征，表现着区域各种因素综合作用的结果。”①当然，不仅仅是地名，其他各类专名词语都具有区域性的特征。

① 杨光浴：《试论地名的特征》，《地名学研究》（第二集），辽宁人民出版社 1986 年版，第 11—19 页。

人名的区域性表现在不同区域的人名具有不同的文化特点，人名的南北差异、城乡差异就是其中比较明显的。如浙江绍兴人多用“根”来给男子命名；上海女性起名偏爱“洁”字；北京女性多以“静”为名；哈尔滨女性则更加偏爱“淑”字；岭南地区女性取“妹”的则是十分普遍的。由于城乡经济文化的差异，城市人名更多体现文化内涵，农村人名就具有质朴、亲和的特点，特别是在小名中表现更为明显，如“狗剩”“二狗子”“栓柱”“丫蛋”等，有些甚至是带有贬义的名字。

我国地域辽阔，具有复杂的地理环境，汉语的地名受某个区域内的方言、历史文化、地理环境的影响而呈现出区域性特征。汉语专名词语中存在着很多体现方言特色的地名，“猪牿岭”是广东省境内的一个地名，具有明显的粤方言特色，“猪牯”即公猪。在反映地理实体的地名中，不同地域的地名体现不同的地域特色。陕北地名中用“峁”作为顶部浑圆、斜坡较陡的黄土丘陵的通用成分，这样的地名有“沙峁”“拓家峁”；山东、河南地名中用“峪”表示山谷，如“葫芦峪”“鸡窝峪”“穿芳峪”。同时表示行政区划的自然村，不同地域使用不同的通用成分，东北地区多用“屯”，河南、河北、山东一带多用“庄”或“村”，山西称为“场”，安徽则用“圩”表示。街道名中，北京等北方地区多称“胡同”，上海则用“弄堂”或“弄”，广州等地则多称“巷”。

三　专名词语的时代性

专名词语是社会发展的产物，不同历史时期的专名词语具有各自不同的时代性特征。“专名词语指称个别事物，这种特定的能指和所指之间直接联系也只能在特定的时间或在特定的空间范围内才有效，超出这一特定的时空范围联系会脱落。”① 正如罗常培先生所说：“一时代的社会生活决定了那时代的语言内容；也可以说，语言的内容可以反映出某一时代社会生活的原形。社会的现象，由经济生活到全部社会意识，都沉淀在语言里面。”② 专名词语是一面反映社会发展、时代变迁的镜子，在各类专名词语的命名中可以充分显示专名词语的时代性特征。

---

① 胡中文：《专名词语的条件限制》，《语文新论：〈语文研究〉15周年纪念文集》，山西教育出版社1996年版，第124—130页。

② 罗常培：《语言与文化》，北京出版社2004年版，第108页。

“人的姓名符号是一种文化现象、文化行为，一定历史时期的姓名，反映了一定历史时期的文化特征。”① 不同历史时期的人名具有其所属时代的鲜明特色，仅以新中国成立初期到“文革”结束这一阶段的人名为例进行分析。新中国成立初期，百废待兴，这一时期比较集中的人名有“建国”“立国”“新华”“国庆”“解放”，甚至还有直接叫“中华”“中国”的；随后又有“土改”“有田”“新社”“集体”等反映土地改革和集体所有制等与社会政治、经济密切相关的人名；随着“抗美援朝，保家卫国”口号的提出，“援朝”“抗美”“胜美”“战美”“保家”“卫国”“保国”等人名集中出现；“大跃进”时期，全国上下大炼钢铁，“跃进”“钢”“铁”之名自然大量兴起；“文革”时期，提倡红色革命，以“红”为名成为时尚，又有“全国人民向解放军学习”口号的提出，“红军”“爱军”“拥军”“志军”“陆军”“海军”“空军”等以“军”为名的人名成批涌现，这一时期毛泽东《咏梅》词的发表，致使“咏梅”一名蔚然成风。以上所举各例，足以体现人名的时代性特征。

地名是具有相对稳定性的专名，但从某些地名的更名中可以窥见其时代性特征。“文革”期间，南京的“宣武区”和“下关区”曾被更名为符合那个时代政治倾向和思想意识的“要武区”和“东方红区”，随着那个时代的结束，这些带有明显政治和时代倾向的地名又被更改为原名。伴随着经济建设的大潮，为了达到吸引外资的目的，有些地名被更改为带有更多吉言色彩的名称，例如河北省的“完县”，前来投资的外商认为“完”有“完蛋”之意，对自己的商业经营缺乏美好的预示，因此被改为“顺平县”，取顺利、平安的意思。

店名、品名、楼盘名等社会类专有名词也具有很强的时代性特征，在这些专名词语中普遍存在的洋化现象就是很明显的证明。近年来，在专名词语的命名中出现了一种刻意体现异域风格色彩的洋味十足的“洋名”，例如，“维纳斯婚纱摄影”“歌莉娅 shop”（店名）、“纳爱斯洗洁精”“依维尼服饰”（品名）、“GOGO 新世代”“BOBO 自由”（楼盘名）。这些洋味十足的专名词语只有在改革开放、崇尚自由、标榜个性的当今时代才会出现，如果历史的车轮倒退四十年，在中国的社会中我们怎么也不会看到这样具有异域特色的专名词语的。由此可见，专名词语作为一种社会现

① 王泉根：《中国人名文化》，团结出版社 2000 年版，第 36 页。

象，具有显著的时代性特征。

第五节　小结

作为汉语词汇系统之一的专名词语系统是客观存在的。存在于专名词语系统中的专名词语的数量十分庞大，表面上看杂乱无章，像是一盘散沙，但是透过专名词语的表象，我们仍能发现其内在的联系，从而对其进行不同层次的分类。这恰恰体现了专名词语的系统性。首先，从语言单位的角度，可以将专名系统的构成单位概括为专有名词和专用短语这两种。其次，也是更重要的，专名系统是由不同层次的不同类别的专名词语构成的，专名词语系统的分类如图 2. 1 所示。

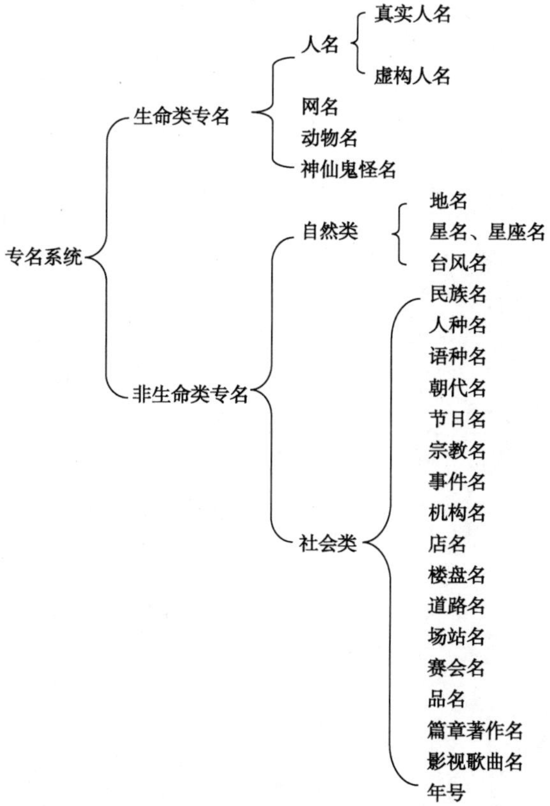

图 2. 1　专名词语系统的分类

专名词语的命名并不是一个非常简单的以名指物的过程。不同类型的专名词语在命名过程中存在着不同的要求，以专名词语的整体为研究对象，其在命名中应遵循的原则可以概括为必要性原则、区别性原则、大众化原则和审美性原则。专名词语的命名方法有寓意命名法、谐音命名法、专名移用命名法和数字命名法等。

专名词语是一种语言现象，也是一种人类社会普遍存在的社会现象。专名词语的社会文化属性主要表现为民族性、区域性和时代性。

第三章

汉语专名词语层级性体系的构建

第一节　层级性体系构建的标准

一　专名词语的意义

（一）词语的意义和类型

词语的意义是连接词语符号和所指事物的纽带，语言单位的语义关系可以体现在由美国学者奥格登（C. K. Ogden）和理查兹（I. A. Richards）提出的“语义三角”（semantic triangle）中。如图 3.1 所示。

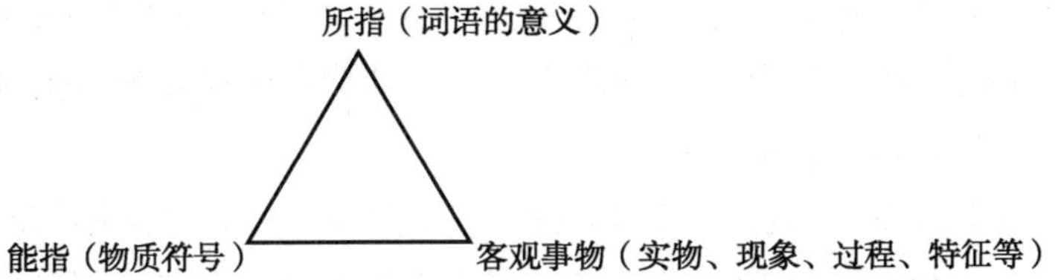

图 3.1

“语义三角”形象地说明了物质符号（能指）、词语的意义（所指）与客观事物之间的关系。“词义一方面概括地反映着同类事物的特征，另一方面又以语音或文字为载体，使抽象的特征获得物质存在形式。”① 从中我们也可以看出，词语与所指事物的联系是靠词语的词义来实现完成的。语言单位的意义是语言单位存在的重要的组成部分和依托，如果没有意义内容，也就无所谓语言单位。

词语的意义类型有多种划分，不同的学者从不同的研究视角出发，从

① 华劭：《名词的指称、词义和句法功能》，《外语学刊》1995 年第 1 期。

而得出不同的结论。其中最为著名的、影响最大的是英国语言学家利奇（G. Leech）关于词语意义七种类型的划分，这七种意义类型分别是：概念意义（又称理性意义，conceptual meaning or sense）、内涵意义（又称含蓄意义，connotative meaning）、风格意义（又称社会意义，stylistic meaning）、情感意义（又称感情意义，affective meaning）、反映意义（又称反射意义，reflected meaning）、搭配意义（又称组合意义，collocative meaning）、主题意义（thematic meaning）。其中含蓄意义、风格意义、情感意义、反映意义和搭配意义被利奇称为联想意义（associative meaning）。利奇认为“概念义是言语社会成员具有的语言的‘共有系统’中的实质性部分，联想义比较起来不稳定，随个人的经验而变化”①。这样这七种意义可归纳为概念意义（理性意义）、联想意义和主题意义三大类型。但是其中的主题意义“主要是依助语法手段和修辞手段获取，……与我们在此探讨的词义类型几乎没有紧密联系”②，因为语序和组合方式的改变带来的意义变化应该属于句子意义的范畴，而不应属于词语意义的类型。通过以上分析，利奇词语的意义就可以概括为两大类六小种。关于词语意义类型的研究，利奇的观点虽说没有穷尽词语的所有意义类型，但是其对词语意义的细致而完备的分析以及区别概念意义（理性意义）同联想意义的不同从而突出概念意义（理性意义）在词语意义中的作用却是很有意义和价值的，因此后世在对词语意义进行研究时往往以此作为基准，在此基础上进行深入细致的研究。

基于以上对于词语的意义的研究，我们可以得出这样的结论：其一，词语的意义是词语的重要组成部分，词语要想指称客观事物必须通过词义作为纽带，没有意义就没有词语本身；其二，在词语的意义类型中最重要的是词语的概念意义（理性意义），其是揭示词语所指称事物的本质和区别性特征的意义内容。

（二）专名词语的意义和类型

有了以上对词语意义的认识之后，我们再来讨论专名词语的意义。专名词语不同于一般的普通词语，其指称对象具有特定性，这就导致专名词语到底是否具有意义的问题出现。现代分析哲学、逻辑哲学以及语言逻辑

---

① Leech, G., *Semantics*, London: Penguin, 1974: 22.

② 王文斌：《英语词汇语义学》，浙江教育出版社2001年版，第277页。

学中心讨论的问题之一就是专名词语的意义。前面绪论部分已经介绍了西方专名理论的主要内容，关于专名词语的意义理论可以概括为穆勒首创的专名词语无意义理论，其后的摹状词理论或描述理论则认为专名词语是有指称同时又是有意义的，克里普克的历史因果命名理论则从专名词语的命名和使用角度研究专名词语的指称和意义，得出专名词语只有指称没有意义的观点。以上的种种理论和观点是基于哲学或逻辑学的视角出发进行研究的结果，下面我们将从语言学的角度对专名词语的意义进行研究。

专名词语不仅仅是对所指对象的指称，其同一般的普通词语一样也是具有一定的意义内容的。专名词语的意义是指揭示该专名词语指称对象所具有的各方面的属性内容。例如，“鲁迅”这个专有名词的意义就是该专有名词所具有的各方面的属性，如“中国近代著名的文学家、思想家”“《阿Q正传》的作者”“浙江绍兴人”“许广平的丈夫”……由此可见，专名词语不仅有意义，还具有相当丰富的意义内容。当然，如果做进一步考察，我们会发现不同的专名词语使用者对该专名词语所具有的属性的理解和认知是具有多少之别的，这就造成了专名词语意义理解的弹性或伸缩性。简而言之，对于该专名词语所指对象熟悉了解的人，他所理解的该专名词语的意义内容就十分丰富；反之，对所指对象不熟悉理解的人，他所理解的该专名词语的意义内容就比较单薄。

专名词语具有意义的论断还可以从专名词语的解释过程得到有力的印证。比如在对一个不知道“北京”是什么意思的人解释这个专有名词时，我们会说“这是一个城市名”，这只是词语意义的一个方面，还比较笼统概括，没有揭示该专有名词的本质或区别性属性，于是进一步解释它是“中国的首都”，那么“北京”的词义就可以用“中国的首都”来概括，如果你对北京的历史和现在都比较了解的话，还可以进一步补充有关北京的更多的词义内容。由此可见，前文提到的“语义三角”是普遍存在的，专名词语是具有意义内容的，专名词语的意义是连接专名词语和其所指对象的纽带，三者的关系如图3.2所示。

总结以上的观点我们可以概括为专名词语具有丰富的意义内容，但对其意义的理解依据不同的专名词语使用者对其所指对象的认知而有不同，这体现了专名词语意义的弹性和伸缩性。

既然我们肯定了专名词语意义的存在，那么接下来的问题是专名词语的意义具有哪些类型呢？

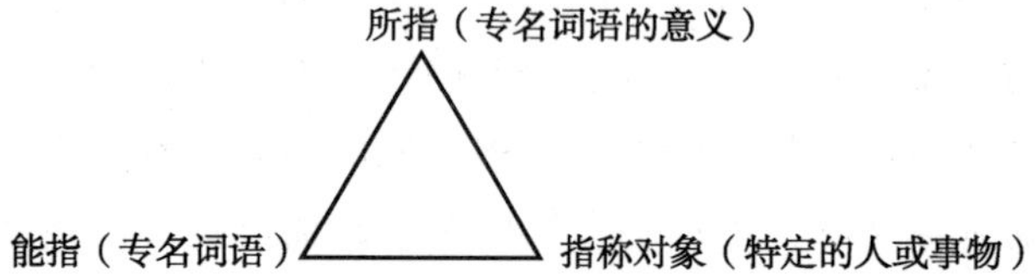

图 3.2

首先，专名词语与一般的普通词语一样，都具有揭示该词语所指对象本质和区别性特征的概念意义（理性意义）。通常情况下，一般词语的概念意义（理性意义）在普通的语文词典中都能够找到合理的解释，但专名词语的概念意义却很难出现在普通的语文词典中，缘于专名词语所指的特定性以及由此带来的难以计数性。但是在不同种类的专名词典中，我们就会发现专名词语概念意义的存在，比如各种类型的人名词典、地名词典等。

其次，专名词语还具有概念意义以外的内涵意义、风格意义、感情意义、形象意义等联想意义。

专名词语的内涵意义是指附着在概念意义之上的专名词语使用者对专名词语指称对象所持有的某些共同的、具体的感性认识与评价。这种认识与评价往往体现了专名词语使用者的某些具体的情感态度，其形成受社会制度、社会心理和思想观念、心理特征、审美情趣等社会文化方面的因素影响。例如，“林黛玉”这个专名词语中的一个具体人名，其概念意义是中国四大古典名著《红楼梦》中的女主角，金陵十二钗之首，四大家族贾家第四代贾敏与扬州巡盐御史林如海之女，贾宝玉的姑表妹。此概念意义交代了人物的身份和定位，把“林黛玉”这个人名的所指对象与其他人物区别开来，这是概念意义的主要作用。除此之外，“林黛玉”这个人物形象身上还具有“体弱多病”“多愁善感”“天生丽质”“孤傲多疑”“尖酸刻薄”“小气量”“爱使小性”等多方面特征，这些特征就是附着在“林黛玉”这个人名概念意义之上的内涵意义，这种内涵意义的存在恰恰体现了专名词语的语言使用价值，在语言交际中形容女性“体弱多病、多愁善感”时，会发出“简直就是个‘林黛玉’!”这样的感慨；形容女性“天生丽质、貌美如仙”时，也会有“天上掉下个‘林妹妹’”这样的慨叹。再例如“德国”，作为一个专有名词，其概念意义是国名，位于欧洲西部，东邻波兰、捷克，南接奥地利、瑞士，西接荷兰、比利时、卢森堡、法国，北与丹麦相连，紧邻北海和波罗的海与北欧国家隔海相望。由于德国人非常注重规则、遵守纪律的特质，使得“德国”这个专有名词附带上了“遵守规则、按部就班”这样的内涵意义，如“你这样做太‘德国’了!”句中的“德国”是因为具有独特的内涵意义才能受“太”这个程度副词的修饰的。专名词语的内涵意义是赋予专名词语更多社会文化属性的附加意义，其在语言使用中表现出丰富性和多角度性的特征。

专名词语的风格意义是指专名词语除了概念意义之外所具有的体现语体、方言、时代等风格色彩的附加意义。例如，人名中的“小名”经常在非正式场合中使用，因此具有口语风格，“致雅居”“晟丰阁”作为楼盘名则具有文雅的书面语风格；“孙家窝棚”具有东北方言色彩；“红旗乡”命名于“文革”时期，具有鲜明的时代色彩，“www. 童装 . com”这样的店名其时代色彩不言自明。

专名词语的感情意义则是体现专名词语使用者的情感态度的附加意义。例如，人名系统中的绰号很多具有贬义色彩，“大龅牙”“狗腿子”“马屁精”，使用如此的绰号称呼人，其中包含了专名词语使用者“否定、贬斥、批评”的感情色彩。

专名词语的形象意义是专名词语带给专名词语使用者的生动、形象的附加意义。位于广西省桂林市被誉为桂林山水象征的“象鼻山”，因酷似一只站在江边伸鼻豪饮漓江甘泉的巨象而得名，这样的专名词语给人以生动、深刻的“形象感”，由此，在概念意义之上形成了专名词语的形象意义。

通过以上分析，我们发现专名词语与一般的普通词语一样也是具有一定意义内容的，而且表现出丰富性和多样性的特征。这一认识是构建汉语专名词语层级性体系的最基本的前提条件。

二 构建汉语专名词语层级性体系的理据

（一）专名词语显著度理论的提出

“显著（salience）是知觉心理学的一个基本概念，显著的事物是容易吸引人注意的事物，是容易识别、处理和记忆的事物。”① 显著度（sali-

① 沈家煊：《转指和转喻》，《当代语言学》1999 年第 1 期。

ency）就是事物吸引人注意、容易被识别、处理和记忆的程度，一般情况下，显著度越高的词语越容易被语言使用者接受并记忆。Giora① 认为对于一种语言的词语来说，其习得有先后顺序之别，有的词语先被习得，有的词语后被习得，而影响词语习得先后顺序的一个主要的因素就是词语的显著度，其规律就是显著度高的词语更容易被激活，因此首先被习得，而显著度相对较低的则在其后被习得。由此可见，显著度是与人的认知心理、认知框架密切相关的一个概念。

Giora② 提出了显著词语的四个特性：（A）常规性；（B）频繁性；（C）熟悉性；（D）典型性。常规性是指与词语的特殊用法相对的常规性用法，显著词语往往更多具有常规性的用法；频繁性是针对词语的使用频率而言的，显著词语常常是使用频率很高的词语；熟悉性是指显著词语一定是为大家所熟知的词语；典型性是说显著词语应是一个范畴内典型的非边缘的词语。以上四个特征可以作为衡量词语显著度的四个标准，即一个词语的常规性用法比其特殊用法显著；经常使用的词语比不经常使用的词语显著；人们熟悉的词语比陌生的词语显著，一个范畴内典型的词语比边缘的词语显著。

专名词语是人类对客观存在的人或事物的直接命名，是人类最直接认知客观世界的方式。专名词语所反映的是现实生活中的特有的人或事物，专名词语的显著度就是它所代表的人或事物能吸引人注意、被识别、处理和记忆的程度。一般认为，专名词语的显著度比一般的普通词语要高，“一个事物正是因为比较显著才给它起个专名”③。如果进行深入的考察，我们会发现与一般的普通词语相比显著度较高的专名词语其内部的显著程度又是有不同等级差别的，也就是说，专名词语的显著度并不是处于一个水平线上的，专名词语中有显著度较高的，也有显著度较低的。例如，同是人名的“红娘”和“张小莉”，两个专有名词分别指称两个具体的人，但这两个专有名词的显著度是有差别的，“红娘”作为《西厢记》中促成崔莺莺和张生结合的侍女与“张小莉”比较，为更多的人所熟知，其显

① Giora，R.，*Understanding Figurative and Literal Language*：*The Graded Salience Hypothesis*，Cognitive Linguistics，1997，3：183 - 206.

② Giora，R.，*Literal vs. Figurative Language*：*Different or Equal*? Journal of Pragmatics，2002，4：487 - 506.

③ 沈家煊：《转指和转喻》，《当代语言学》1999 年第 1 期。

著度明显高于后者。

关于显著度还有一个很重要的理论，显著度与同事物建立心理联系的难易程度有很大的关系，显著度高的词语，在人们的认识中具有突出的位置，因此更容易与其建立心理联系（mental contact）。这一理论对于专名词语的意义在于，在专名词语中，显著度较高的词语除了其本身的特指意义之外，更容易获得与特指意义相对的泛指意义。正如上面所举的“红娘”，因其具有比一般人名较高的显著度，于是这个专有名词由指称一个具体的人而获得“介绍或撮合男女婚姻的媒人”的泛指意义。由“红娘”到“媒人”，这期间因为《西厢记》作品的广为流传，“红娘”变成家喻户晓、为众人熟知的人物，该人名的显著度明显提高，于是在此基础上，“红娘”这个人物就和“媒人”建立了心理联系，从而使“红娘”获得了专指意义之外的泛指意义。

由此可见，专名词语之所以能够获得特指意义之外的泛指意义，与该专名词语的显著度是密切相关的，一般的情况是，显著度越高的专名词语越容易获得泛指意义。当然，显著度高的专名词语要想获得泛指意义还需要依靠某种内在机制作为动因才能最后完成。

（二）专名词语泛化的隐喻、转喻机制

所谓专名词语泛化（commonization）是指某些专名词语在不同程度上改变了它特指某人或某物的性质，获得了指称一般人或事物的意义，并在此基础上不同程度地具有了一般的普通词语的某些属性。专名词语原本只具有特指某个人、地、事、物的意义，但是在语言的使用过程当中，却可以用来指称非个别的一般的人或事物，从而获得了与普通词语一样的非特指的意义。我们认为，专名词语泛化从本质上说是一种认知上的隐喻化或转喻化过程。

中西的传统语言学都把隐喻和转喻看作是语言现象中的一种修辞现象，分别对应的是比喻和借代，但是从修辞角度对隐喻和转喻的研究却不能充分揭示隐喻、转喻的本质和认知价值。于是当代认知语言学认为，隐喻和转喻不仅仅是一种修辞现象，更是一种认知现象。具体地说，隐喻和转喻是将一个事物理解或表达为另一个事物的认知过程，这样就把隐喻和转喻升格为人类的一种基本思维方式和认知工具。

当代著名的认知语言学家莱考夫（George Lakoff）和约翰逊（Mark Johnson）认为，隐喻的形成，即“隐喻化（Metaphorization），是两个概念域（conceptual domain）或认知域（cognitive domain）之间的结构映射（mapping），即从源域（source domain）到目标域（target domain）的投射，其本质是利用某一概念域的体验来理解和体验另一概念域"①。其中作为物理概念域的源域和作为抽象概念域的目标域是基于相似性连接在一起的，也就是说，源域和概念域是依靠相似性从而完成两个认知域的投射的。通常情况下，源域所指称的事物，常常是人们所熟知的、具体的实体，而目标域的所指则通常是人们比较陌生的、抽象的事物。对于具有专指性的专名词语而言，其之所以能够在原有的专指意义上获得泛化的一般意义，就是因为我们把专名词语作为源域，专名词语的所指和某一客观事物在某些方面具有相似性，凭借这种相似性把两者联系在一起，同时用该专名词语形象生动地描写客观事物，这样就完成了用专名词语映射客观事物的过程，进而使该专名词语在保留原义的基础上被泛化使用，派生出专指意义之外的新的泛指意义。例如，"诸葛亮"这个专有名词，原来就是特指三国时期的蜀国丞相的人名，但是在语言的使用中，一方面由于其显著度较其他一般人名要高得多，该人名所指称的人物形象为汉民族社会成员所熟知，其所具有的超人睿智和谋略更是他人所不及的，在这种情况下显著度较高的人名"诸葛亮"就与"聪明睿智、极富韬略的人"在相似性的前提条件下建立了某种联系，用具体人名"诸葛亮"映射具有泛指意义的"聪明睿智、极富韬略的人"，用前者形象生动地刻画后者，久而久之，随着这种映射的反复出现，在语言的使用中，"诸葛亮"这个人名就在原有特指某个人的意义的基础上获得了"比喻聪明睿智、极富韬略的人"的泛指意义。

专名词语中，像"诸葛亮"这样具有较高显著度的专名词语经过认知上的隐喻过程会获得专指意义之外的泛指意义，从而实现专名词语的泛化。这就是专名词语泛化的隐喻机制。

"转喻是利用两个相关认知域（属于同一认知模型）之间的接近和关联性，用显著度高的认知域'过渡'到显著度相对较低的认知域。"② 从这个定义我们可以获知，转喻的认知原则是不同事物之间的相关性联系，

① Lakoff，G & Johnson，M.，*Metaphors We Live By*，Chicago：The University of Chicago Press，1980：5.

② 陈忠：《认知语言学研究》，山东教育出版社 2005 年版，第 309 页。

两个事物之间具有相关性联系，可以用其中的一个事物指代另一个事物，从而使前一事物获得了指称后一事物的意义和用法。对于专名词语来说，该专名词语原本特指某人或某物，但在语言使用中，该专名词语某方面的特征或属性逐步凸显，这种较高的显著度导致该专名词语可以用来指代与之具有关联性的事物，这样，在转喻机制的作用下，该专名词语最终完成了泛化的过程，获得了专指意义以外的泛指意义。例如，“鸿门宴”这个专有名词，原本是历史事件名，具体指公元前206年楚汉相争之际，刘邦到鸿门与项羽会见，酒宴中项羽的谋士范增让项庄舞剑，想乘机杀死刘邦，但刘邦在项伯、樊哙等人的护卫下乘隙逃脱。随着该历史事件的广为流传，该专有名词相应地具备了相当高的显著度，同时该专有名词的“加害客人”的性质十分凸显，这种较高的显著度和性质特征就致使“鸿门宴”由专指某个具体的宴会而获得了一般的加害客人的宴会的泛指意义。

通过以上分析我们发现，专名词语不仅有意义，而且其意义不是永远处于静止不变的状态的，随着实际语言交际的进行，从历时的角度分析专名词语的意义会发现其中动态的改变，这种动态的改变就导致专名词语多义性的发生。专名词语的多义性表现在除了其原本具有的特指某人、某地、某事、某物的意义之外，还具有泛指一般的人或事物的意义。以专名词语这个特殊的词汇类聚为考察对象，对其进行历时兼共时的分析和研究，我们看到单义的专名词语和多义的专名词语是共存的，二者处于专名词语的不同层级中，这为构建汉语专名词语的层级性体系提供了必要的前提条件。

三　构建汉语专名词语层级性体系的标准

我们知道，专名词语指的是在特定的时间与空间中存在的特定的人或事物的名称，因此从语义上看其最突出的特点是意义的专指性，在语言的使用中用来专门指称特定的人或事物，这是所有专名词语的共同属性，也是专名词语区别于普通词语的本质特征。从历时和共时的角度考察所有的专名词语，我们会发现，专名词语并不是处于同一个平面的词汇类聚，其分布是具有层级性的。

在一种语言的词汇系统中，基本词汇的绝大多数是与专名词语相对的普通词语，因此普通词语比专名词语运用得更广泛、更普遍。无论从数量上还是从使用上，普通词语比较专名词语都占有强势地位，也就是说普通词语在一种语言的词汇系统中是更具代表性和典型性的。由此，我们可以从距离普通词语的远近程度来考察专名词语，距离普通词语越近，进入普通词语的可能性就会越大；反之，二者距离越远，成为普通词语的可能性就越小。如图 3. 3 所示。

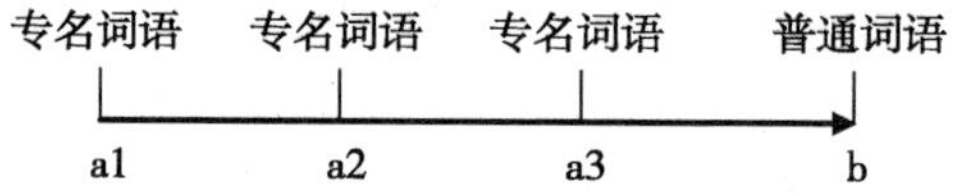

图 3. 3

专名词语 a1 到普通词语 b 的距离最远，那么 a1 作为专名的强度就越大，其成为普通词语的可能性就越小；a3 距离 b 的距离最近，a3 成为普通词语的概率就越大。

如何判断专名词语与普通词语之间距离的远近呢？这是问题的关键。我们的想法是以专名词语的意义为核心，以专名词语的功能为表现来划分专名词语的不同层级。

如果一个专名词语只具有指称某个特定的人或事物的专指意义，这样的专名词语距离普通词语的距离最远，那么它就处于专名词语的基本层级，由这样的专名词语聚合在一起就构成了专名词语体系的基础层。例如，张小莉，这个人名只具有专门指称现实生活中的那个具体的叫“张小莉”的人的指称意义，这个人名只是一个指称符号，除了指称某人的特指意义之外，不具备一般普通词语的泛指意义内容，这个专名词语与普通词语的距离是最远的。因此，人名“张小莉”就是处于汉语专名词语基础层的一个专名词语。处于基础层的专名词语从义位的表现上看是单一的，即基础层的专名词语只具有一个指称某人某物的义位。

如果一个专名词语除了具有专指意义外，还具有一般普通词语那样的泛指意义，这样的专名词语因为获得了普通词语的泛指意义而距离普通词语就更近了一步，此种专名词语聚合在一起构成了专名词语体系的中间层。例如，同样是人名的“诸葛亮”，“诸葛亮”这个人名除了指称三国时期蜀国的丞相外，还具有指称聪明睿智、极富韬略的人的泛指意义，那么，人名“诸葛亮”就要比人名“张小莉”距离普通词语更近一些，“诸葛亮”自然就是专名词语中间层的一员。从义位上来看，处于中间层的专名词语应该具有专指意义和泛指意义两个义位。

专名词语中还有一类是距离普通词语最近的，从形成上看，它们原本就是普通词语，由于语言使用者为了命名的需要将其固化为书名、篇名、杂志名、电影电视名、歌曲名等专名词语。我们把这种由普通词语转变来的专名词语构成的类聚称为专名词语体系的扩展层。处于扩展层的专名词语去掉代表其身份的专名号之后，就是一般的普通词语了。例如：英雄、四世同堂，这两个词语原本就是一般的普通词语，但是用于指称张艺谋拍摄的电影《英雄》、老舍先生的名著《四世同堂》就变成独一无二的专名词语了。扩展层专名词语的构成要素是普通词语，这与基础层和中间层的专名词语是有区别的。“张小莉”也好，“诸葛亮”也罢，这些专名词语的构成要素组合在一起构成的一定是专名词语而非一般的普通词语；“英雄”则不然，由“英”和“雄”两个语言单位构成的“英雄”是泛指本领高强、勇武过人的人或不怕困难为人民利益而英勇奋斗的人，由此可见，“英雄”是具有泛指意义的一般的普通词语，电影名“英雄”就是由这个具有泛指意义的普通词语构成的，作为专名词语的“英雄”除了指称张艺谋导演的那个特定的电影之外，实际也隐含了普通词语“英雄”所具有的泛指意义，因此，不管从专名词语的形成上来看，还是从专名词语的表意上来说，处于扩展层的专名词语都是距离一般的普通词语最近的。

通过以上分析，汉语专名词语的层级性分布可以归纳为专名词语基础层、专名词语中间层和专名词语扩展层，三个层级的分布及其与普通词语的关系如图 3. 4 所示。

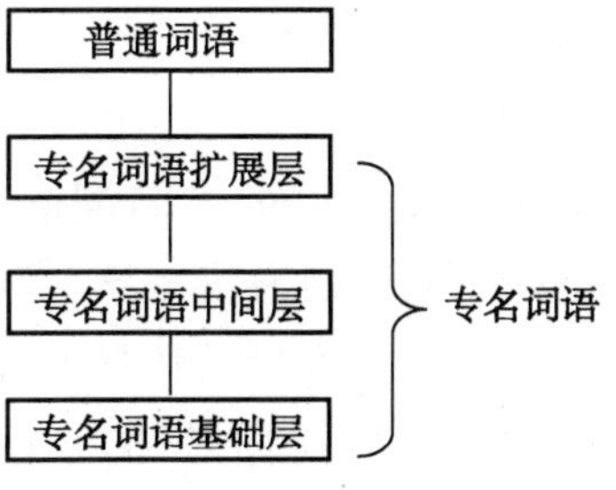

图 3. 4

本书将在此层级性体系模式的基础上分析研究各类专名词语的特质、意义及功能表现。

第二节 汉语专名词语基础层

一 专名词语基础层的性质特征

汉语专名词语基础层是专名词语层级体系的基本层级和主体层级。处于基础层的专名词语具有意义的单一性、指称的唯一性和命名的趋同性等三方面特征。

(一) 意义的单一性

处于基础层的专名词语从语义上来说，最根本的特点是只具有指称某人或某物的特指性意义，这种只具有一个义位的单义性就构成了专名词语基础层的本质特征。例如：

王阳明	哈尔滨	莲花山	松花江	广鹿岛
织女星	土家族	唐朝	重阳节	伊斯兰教
五四运动	南开大学	古道茶馆	万达公寓	
兆麟街	门楼胡同	首都机场	遵义会议	

以上列举的各类专名词语分别指称某个特定的人、地、事、物，都是只具有一个义位的单义词语，这些语义上呈现出单义性特征的专名词语构成了汉语专名词语的基础层级。

(二) 指称的唯一性

从词语指称的角度来说，基础层的专名词语所指称的对象都是明确的、单一的，而且往往是独一无二的人或事物。例如，“王阳明”指称的是现实生活中人名为“王阳明”的那个具体的、明确的人，“哈尔滨”指称的是黑龙江省的省会所在地，“兆麟街”指称的是位于哈尔滨市道里区的一个街道，“遵义会议”的所指对象并非是在遵义召开的所有会议，而只指称 1935 年 1 月 15 日至 17 日，中共中央政治局在贵州遵义召开的独立自主地解决中国革命问题的一次在中国共产党的历史上极其重要的扩大会议。

(三) 命名的趋同性

所谓趋同性是指基础层专名词语在命名时呈现出的重名现象。基础层专名词语意义的单一性、指称的唯一性，决定了专名词语与所指对象之间是一一对应的关系，但在语言的实际使用中，我们会发现同一个专名词语可能会指称不同的人或事物，这就造成了从表层上看指称符号与指称对象的并非一一对应的关系。这种重名现象的出现源自专名词语命名的趋同性。每一个基础层的专名词语的产生都需要一个相对独立的命名过程，在命名过程中由于受到时代、社会、民族心理、民族文化、命名者主观愿望以及语言材料本身的限制等多方面因素的影响，导致不同的命名者使用了相同的专名词语来指称不同的人或事物。在各类基础层专名词语中人名的趋同性最为突出，据相关机构统计，目前中国重名率最高的50个人名排行是（人名后面的数字是重名的人数）：

张　伟 290607	王　伟 281568	王　芳 268268	李　伟 260980
王秀英 246737	李秀英 244637	李　娜 244223	张秀英 236266
刘　伟 234352	张　敏 233708	李　静 232686	张　丽 232533
王　静 231914	王　丽 226724	李　强 223950	张　静 221483
李　敏 213606	王　敏 213603	王　磊 209757	李　军 199772
刘　洋 199642	王　勇 198720	张　勇 197859	王　艳 194371
李　杰 191759	张　磊 191065	王　强 190266	王　军 189999
张　杰 189117	李　娟 187701	张　艳 181752	张　涛 177993
王　涛 177978	李　明 177898	李　艳 176676	王　超 174891
李　勇 173615	王　娟 171785	刘　杰 166929	王秀兰 166111
李　霞 165189	刘　敏 164133	张　军 162773	李　丽 162497
张　强 159914	王　平 155617	王　刚 154600	王　杰 154113
李桂英 153218	刘　芳 152189		

汉语人名是由姓（通用成分）和名（区别性成分）两部分构成的，现代汉字姓氏有三千左右，常用姓氏为《百家姓》的五百多个；人名用字也只有三千多，其中使用频率最高的四百个字就占所有用字的90%；姓名的组合形式为二到四个音节，其中以二、三音节为主。汉语人名由于姓氏有限，人名用字的过度集中，姓名的组合形式较短，这就导致汉语人名的重名现象较为严重。除了人名之外，其他类基础层专名词语也不同程度地存在着重名现象，仅南京市就有六个叫“岔路口”的地方，店名、

楼盘名、街路名的重名也很普遍。

专名词语的重名现象属于语言中的一种同形同音现象，同名的专名词语只是语音形式相同、文字形式相同而指称对象不同的不同语言单位。

二 专名词语基础层的范围

作为专名词语基本层级和主体层级的基础层专名词语是专名词语层级体系中数量最为庞大、涉及范围最广泛的一个层级，包括生命类专名词语中的人名、网名、动物名和神仙鬼怪名，非生命类专名词语中的地名（行政区划名、山名、水名、岛名）、星名、星座名、台风名、民族名、人种名、语种名、朝代名、节日名、宗教名、事件名、机构名、店名、楼盘名、街路名、场站名、赛会名以及品名等。

基础层专名词语具有显著的开放性特征，只要客观现实中存在需要命名的特定的人、地、事、物，语言的词汇中就会相应地出现新的专名词语指称这些特定的人或事物。从语义上来说，这些专名词语在产生之初都是只具有一个专指意义的基础层专名词语，新的专名词语不断出现、产生，逐步扩充着专名词语的词汇系统。从共时的角度考察专名词语，过去时代的专名词语所指称的人或事物虽然不存在了、消亡了，但这些专名词语却会潜在地存在于词汇系统之中，当我们在语言交际中涉及其所指称的对象时，其又会出现于我们的语言世界里，为人类的语言交际发挥其应有的作用。

处于基础层的专名词语是一种语言词汇中比较特殊的词汇类聚，其数量之庞大是其他词汇类聚远不能及的。一个专名词语与一个特定的指称对象相对应，一个特定的指称对象必须有一个专名词语来指称，即一个符号一个对象，一个对象一个符号，二者是完全的一一对应的关系。即使语言实际中存在着不同程度的重名现象，但是重名的专名词语并非是一个语言符号、一个语言单位、一个专名词语，而是同音同形的不同的语言符号、不同的语言单位、不同的专名词语，这并不影响专名词语与指称对象之间的一一对应的关系。由于上述专名词语与指称对象的特殊关系就造成了基础层专名词语的庞大数量。正是如此庞大、具有开发性特征的基础层专名词语，为中间层专名词语的构建提供了必要的语言材料。

三　基础层专名词语的语用分析

专名词语是语义上具有特指性的名词性词语，其在语言运用中应表现出名词性词语的功能和用法。处于基础层的专名词语只具有一个特定指称的意义，其在语言运用中应表现出专指性特称的功能和用法，但基础层专名词语的实际语言运用情况并非如此简单，在具体的语言环境中体现出多方面的功能和用法。

（一）名词性词语的一般功能和用法

基础层专名词语作为名词性的词语，具有一般名词性词语的功能和用法，即在句子中经常做主语、宾语，也可以做定语。例如：

鲁迅是中国现代文学史上一面光辉的旗帜。
为什么有些人会反对鲁迅?
鲁迅的作品影响了几代中国人。

（二）受数量词语修饰的特殊用法

基础层专名词语的指称对象是特定的人或事物，从指称数量上看，往往是独一无二的一个（极少数是一类），这就导致其在语言使用中不像其他的一般名词性词语那样可以受表示数量的词语修饰。但是通过基础层专名词语的实际语用考察，我们发现表示数量的词语也可以出现在处于基础层的专名词语的前面，例如：

哈尔滨有一条中央大街，那是一条赋有浓郁欧陆风情的百年老街。
一个新中国就这样诞生了。
篮球场上一个姚明抵过十个一般中锋。
东方红，太阳升，中国出了个毛泽东。
你们杀死一个李公朴，会有千百万个李公朴站起来!
这个地区有六个法国那么大。
两个孙悟空，不知道哪个是真的，哪个是假的。

以上这种数量词语修饰专名词语的用法是具有特殊的语用价值的，主要归纳为以下四个方面：

1. 强调

基础层专名词语前出现“个”“一个”“一条”这样的数量词语时，数量词语主要起表示强调的作用，其原来表示数量的意义已经被削弱。哈尔滨只有一条“中央大街”，“中国”“姚明”“毛泽东”“李公朴”也是独一无二的，专名词语前出现的表示唯一数量的数量词，其实际所起的作用并不是用来称数，而是在于强调其后面出现的专名词语，这样通过数量词的修饰专名词语就获得了语义表达的重心，从而取得了被突出被重视的语用效果。

2. 泛化

当表示非唯一数量的数量词语出现在基础层专名词语前面并修饰该专名词语时，该专名词语就获得专指意义之外的泛指意义。现实世界中于1946年7月11日遭国民党暗杀的中国民主同盟领导人“李公朴”只有一个，“千百万个”后面修饰的“李公朴”并非真实存在的叫“李公朴”的人，而是指“像李公朴那样为国家、为人民不怕牺牲个人性命的爱国志士”，这种泛指意义是通过专名词语前面的数量词语的修饰而获得的。此时的数量词语表示的数量意义是与专名词语在这个特定语境中的泛指意义相对应的，如果离开这个特定的语用环境，“李公朴”这样的基础层专名词语仍然只具有专指性意义，而不具有固定的泛指意义。因此，我们说基础层专名词语的泛指意义是语用环境临时赋予的临时性意义，离开特定的数量词语修饰这样的语境，其泛指意义就会消失，这与中间层专名词语所具有的相对稳固的泛指意义是有很大区别的。当然，不可否认的事实是，如果基础层专名词语经常出现在能够获得泛指意义的语用环境当中，专名词语的显著度达到一定的程度，该专名词语就会随着语言的实际运用而逐步获得固定的泛指意义，这样原本处于基础层的专名词语就会变成中间层专名词语的一员。

3. 比较

当专名词语用于比较，作为被比较的参照对象使用时，其前面可以出现数量短语，如“六个法国”，法国本来只有一个，但其作为被比较的参照对象了，其前面出现“六个”这样的数量短语就不足为奇了。

4. 真伪同现

在语言的使用中，专名词语所指对象有真伪的区别，如果真伪同现、共存于一个语境当中，该专名词语前面就会出现数量超过“一”的数量短语的修饰，上例中的“两个孙悟空”便是如此。

（三）后附“们”的语义分析

汉语中“们”可附着在部分名词或代词的后面表示复数或群体的意义。“们”所附着的词语通常是可以计数的，而作为特指某个人的基础层专名词语中的人名，其后附“们”之后，表现出与普通词语后附“们”不同的语法意义。基础层的人名所指称的对象是独一无二的，表示单独数量的人名附加“们”之后，语义的重点不表示复数，而是表示以该人名为代表的没有列举穷尽的一些人。例如：

王晓明们刚刚离开公司。
——张秀丽和她的那几个好朋友干什么去了？
——张秀丽们逛街去了。

“王晓明”“张秀丽”都是处于基础层的人名，加“们”之后表达的意思是“王晓明等人”“张秀丽等人”，“们”前的人名所指称的人物是主要的或是具有代表性的，其余的或次要的人物无须列举而被隐含了。

（四）受程度副词修饰的语用分析

基础层专名词语作为名词性词语，一般情况下是不受副词修饰的，但是在实际的语言运用中，基础层专名词语的前面却可以出现副词，这时的专名词语的意义并非是专指某人或某物的指称意义，而是该语言运用环境赋予的突出该专名词语某方面性质特征的临时性的性质义。正如邢福义所说，“从语义看，典型名词进入这类结构，用的不是本然意义，而是临时赋予的‘异感’意义。比如‘西藏’，本然意义是中国的一个省份，然而，在说‘很西藏’的时候，却或指跟西藏有关的某种气质，或指跟西藏有关的某种相貌……都临时带上跟形容词相通的意义”①。

1. “比‘专名词语’还‘专名词语’”句式

就正常的语法规则来说，副词“还”后面应该修饰形容词或形容词性的短语，例如“比中国还传统”“比香港还现代”“比葛优还幽默”“比小沈阳还搞笑”，但是就语用层面来说，该句式中“还”的前后都可

① 邢福义：《“很淑女”之类说法语言文化背景思考》，《语文研究》1997 年第 2 期。

以是相同的专名词语，从而形成了“比‘专名词语’还‘专名词语’”的特殊句式。例如：

> 我现在住在比中国还中国的纽约大陆新移民社区。
> 水口这个地方比香港还香港。
> 他比许三多还许三多。
> 这里有比小沈阳还小沈阳的搞笑视频。

专名词语作为汉语中比较特殊的词汇类聚，除了具有特指性的词汇意义之外，还具有特别丰富的联想意义，这些联想意义是专名词语进入“比……还……”句式的语义基础。上例当中“比”后的专名词语“中国”“香港”“许三多”“小沈阳”，是基础层专名词语原本指称意义的正常用法，分别指称国名、特别行政区名和两个不同的人名，而“还”后面的专名词语实际上已经脱离了专名词语的特指性用法，而是突出了专名词语在某方面独特的凸显的性质和特征，从而使专名词语临时获得了该专名词语所指人或事物所凸显的泛指性性质意义。“还”后的“中国”是指在文化、习俗等方面具有中国特色和传统的意思，“香港”则具有现代化、新潮、时尚的意义，“许三多”是指《士兵突击》中主要人物许三多所具有的不抛弃、不放弃的精神特质，“小沈阳”则是指具有小沈阳搞笑特点和风格的意思。

通过以上分析可见，“比‘专名词语’还‘专名词语’”句式中前后专名词语是形式相同但实际意义并不相同的语言单位。从语义表达上看，“比”后的专名词语作“比”这个介词的宾语，是与句子主语相比较的客体，是用来表示指称的，是有指的；“还”后的专名词语与“还”构成状中短语，成为副词“还”所修饰的中心语，此时已经具有形容词性质，主要用来凸显所指人或事物的某方面属性特征，因此不是表示指称，而是表示陈述的，是无指的。

2. 程度副词＋专名词语

①程度副词的作用及选择性

“副＋名”结构是汉语中比较特殊的一类语法结构，专名词语作为名词性词语的一种，能够修饰它的副词主要是表示程度的副词。例如：

这座城市有好多很美国、很欧洲的咖啡屋。

你的这种打扮特别中国，特别东方。

喇叭中传来的中文解说字正腔圆，十分北京。

《三枪拍案惊奇》不再张艺谋，却很赵本山。

我第一眼就觉得她很凤姐①。

著名设计公司早晨设计的幽默地产广告很憨豆很葛优。

承担修饰专名词语的程度副词通常是表示程度深的程度副词，典型的表示程度深的程度副词就是“很”，在所考察的“程度副词＋专名词语”结构中，“很”的使用频率是最高的，除此之外还有“非常”“特别”“相当”“挺”“最”“太”等。出现在专名词语前的程度副词之所以表现出程度深的选择性，主要原因在于程度副词在该格式中所起的“凸显”作用，为了凸显专名词语所指对象某方面的性质特征必然要使用表示程度深的程度副词，而表示程度浅的程度副词例如“稍微”“有点”“有些”“不大”“比较”等的“凸显”作用比较弱，因此很难进入该格式。例如“很凤姐”凸显了像凤姐（罗玉凤）一样的“长相一般、自恋狂妄、言辞雷人、善于炒作”等性质特征，在这里程度副词“很”表示程度等级的功能减弱了，其更多体现出“凸显”专名词语性质意义的作用，如果换成程度浅的程度副词则很难将专名词语的性质意义凸显出来。

②专名词语的选择性

基础层专名词语能够受程度副词修饰的语义基础是专名词语的丰富的联想意义，这种联想意义是附着在专名词语特指某人某物意义之上的。例如“美国”，理性意义是一个地处北美洲，土地面积居于世界第三位，由五十个州和一个联邦直辖特区组成的宪政联邦共和制国家。在这个理性意义之上还附着丰富的联想意义，这些联想意义表现在民族、语言、人口、人种、风俗、经济等多个方面。在语言运用中，像“美国”这样的专名词语一旦受程度副词修饰，专名词语的某方面的联想意义就在程度副词的作用下凸显出来，进而变成该专名词语所指人或事物的表现属性特征的性质意义。

与普通名词相比较，专名词语能够表示性质意义的功能是不均衡的，

① 原名罗玉凤，重庆綦江人，因一系列雷人言论而在网络上走红，被网友称为“凤姐”。

有着明显的强弱差异。经考察我们发现，只有那些显著度较高、属性特征十分突出的专名词语才能获得一定的性质意义。能够受程度副词修饰的专名词语必须能够激发人们的联想，而联想意义的激发与专名词语的显著度是有很大关联的。专名词语的显著度越高，人们对其认知程度就越高，就越能激发其联系意义的实现，这样其凸显某方面属性特征的性质意义就在人们广泛了解的基础上最终被获得。如果随便的一个显著度比较低的专名词语，人们对其缺乏一定的认知度，对其所具有的联系意义就不十分了解，其进入“程度副词+专名词语”的格式之后，其指称对象某方面的属性特征就不会被凸显出来，进而造成不知所云的尴尬后果。“这座城市有好多很美国、很欧洲的咖啡屋”之所以成立，是因为“美国”和“欧洲”都是显著度极高的专名词语，这句话会让人联想到“咖啡屋”的建筑风格、格局布置、装潢设计、音乐氛围等都是具有美国特色、欧洲特点的。如果说“这座城市有好多很纽约的咖啡屋”，这也是成立的，因为“纽约”也是显著度比较高的专名词语，人们能够理解“很纽约”的性质意义。但如果说“这座城市有好多很德尔塔的咖啡屋”，恐怕理解起来就比较困难，之所以会造成这样的结果，原因就在于“德尔塔”只是个人口在一万人以上的位于美国科罗拉多州的一个小县城，其显著度远远没有美国、欧洲、纽约高，一般人不可能了解德尔塔到底有什么联想意义，更不会知道其突出的属性特征是什么，这样就造成了对“很德尔塔的咖啡屋”的理解困难。“赵本山”“憨豆”“葛优”对国人来说，都是显著度很高的专名词语，三者的性格特征、外貌长相、幽默方式等也各具特色，受程度副词修饰后其显著的属性特征能够被凸显出来，从而能够获得专名词语的性质意义，大家自然会理解“很赵本山”“很憨豆”“很葛优”的意思。“凤姐”是2009年出现的一个网络人名，对于关注网络的网民来说，这个专名词语的显著度和“芙蓉姐姐”一样都是非常高的，“凤姐”的联想意义和突出的属性特征是被网民所熟知的，其受程度副词修饰后所获得的性质意义是能够被众网民所理解的，当然对于一个不接触网网络的人来说，“我第一眼就觉得她很凤姐”这句话很可能被理解为《红楼梦》中的凤姐（王熙凤）所具备的属性特征。对于同一种语言的不同成员，专名词语的趋同性会引起其对同音同形专名词语性质意义的不同理解。

总之，专名词语能否受程度副词修饰，与人们对该专名词语所指人或事物的联想意义的认知程度有关，而认知度的高低又取决于专名词语的显著度，因此，通常是显著度较高的专名词语更容易进入“程度副词 + 专名名词”的格式。

③“程度副词 + 专名词语”的理据分析

程度副词修饰基础层专名词语，对于程度副词和基础层专名词语都有一定的要求，即只有表示程度深的程度副词和显著度较高的基础层专名词语才能进入“程度副词 + 专名词语”的语法格式。

a. “程度副词 + 专名词语”的认知机制

从认知的角度分析“程度副词 + 专名词语”，其形成机制应是语言分析中的非范畴化（decategorization）。Lakoff[①] 认为，认知范畴（cognitive category）是基于人类经验认知自然构造而生成的意象图式（image schema）。范畴化（categorization）就是人类运用语言对世界上的万事万物进行分类的一种高级认知活动，具体地说，范畴化就是运用语言形式把人类通过体验获得的概念表达出来的认知过程。非范畴化则是与范畴化相对的认知过程，这个概念最早是由 Hopper 和 Thompson 于 1984 年提出的，以此解释词的范畴属性的动态性。“非范畴化指在一定条件下范畴成员逐渐失去范畴中典型特征的过程。”[②] 范畴化作为各种语言创新与发展的重要的认知方法和过程，在语言认知研究中发挥着重要的作用，因此，成为语言认知研究的重要组成部分。

基础层专名词语的典型特征是语义上具有特指性，在语言使用中具体表现在指称某一特定的人或事物。而基础层专名词语之所以能受程度副词修饰，从语言的认知角度来说，正是专名词语经历了逐步失去特定指称意义的非范畴化过程。在具体的语言运用中，基础层专名词语处于特定的语境条件之中，在非范畴化的认知机制的作用下，一方面失去了特定指称的典型特征，另一方面又获得了形容词性词语的典型特征。

基础层专名词语非范畴化之后，为什么能够获得形容词性词语的性质意义而没有获得其他类词语的意义和用法呢？刘润清、刘正光[③]提出了从名词到动词的词类连续统，具体如图 3. 5 所示。

该连续统显示了名词、形容词、副词、介词与动词的范畴临近性，具

① Lakoff, G & Johnson, M. , *Metaphors We Live By*, Chicago: The University of Chicago Press, 1980: 230.

② 刘正光、崔刚：《非范畴化与“副词 + 名词”结构》，《外国语》2005 年第 2 期。

③ 刘润清、刘正光：《名词非范畴化的特征》，《语言教学与研究》2004 年第 3 期。

图 3.5

体而言，名词性词语距离形容词性词语较其他类词语来说是最近的，这样名词性词语非范畴化后的功能和用法自然就与形容词性词语是最接近的。也就是说，名词、形容词两个范畴的最佳临近性致使名词性词语更容易获得形容词性词语的功能，具有形容词性词语的语法属性和用法。基础层专名词语作为名词性词语的一种，在非范畴化机制的作用下，由于与形容词性词语的最佳临近性，最终获得了形容词性词语的性质意义而进入“程度副词 + 专名词语”的格式之中。

b. 特定语境对专名词语性质意义的激活作用

词语的意义和语境之间存在着密切的关系，词语的意义是从其所出现的语言环境中概括出来的，在语言的运用中，又要依靠具体的语境来理解词语的实际意义。在基础层专名词语的具体使用中，将基础层专名词语置于形容词性词语所具有的典型框架格式之中，使之受到程度副词的修饰，由于该框架格式的强制作用，致使基础层专名词语临时获得了形容词性词语的某些功能和用法，进而使得该专名词语的意义发生了偏离，产生了非专指性的性质意义。可见，特定的语境能够激活专名词语的性质意义的实现。

a）基础层专名词语性质意义理解的不确定性

基础层专名词语的概念意义是特别指称某人或某物，其是语言交际中处于核心地位的意义内容，也是其他意义产生的基础和源泉，因此，基础层专名词语的概念意义是固定不变的，是不依语境的变化而变化的，具有静态性的特点。例如，“鲁迅”“哈尔滨”，这两个专名词语的概念意义是特别指称客观世界中的某个具体的人和某个具体的城市，这种特指性的意义不会随着语言环境的变化而发生变化，具有固定性、静态性的特质。而基础层专名词语的性质意义则是在概念意义基础上产生的联想意义，这种性质意义却是动态的，对其理解会因社会环境、时代背景、文化差异、交际对象等社会现实语境以及具体的上下文语境的不同而不同，因此，对基础层专名词语性质意义的理解是具有不确定性的。例如，“美国”的概念意义是特别指称客观世界中的一个国家，这个指称意义是固定不变的，但是在“程度副词 + 专名词语”格式中，“美国”的性质意义却是多个侧面的，在不同的语境中，对“美国”有不同的理解。在“他长得很美国”中，突出美国人大眼睛高鼻梁的外貌特征；在“很美国的日本海报”中，则突出美国式简单而夸张的风格特色；在“足球也可以很美国”中，又突出了体育运动中不服输、争上游的美国精神。

从以上分析可以看出，基础层专名词语的性质意义就相当于利奇所说的联想意义中内涵意义，利奇认为这种内涵意义是附属在概念意义之上的，同时也是无限的、不确定的。总的来说，专名词语的性质意义具有可变化的特征，从而显示出不同程度的不确定性。

b）语境对性质意义的选择性激活

在“程度副词 + 专名词语”的格式中，专名词语获得了凸显专名词语特指的人或事物所具有的某方面属性特征的性质意义，并且这种性质意义具有动态的不确定性的特点。如果词语的意义是动态的、不确定的，那么会给我们的语言交际带来困难，造成语义理解上的障碍。但实际情况并非如此，原因在于语境对词义理解所发挥的重要作用。在实际的语言运用中，“程度副词 + 专名词语”格式所处的上下文语境和社会现实语境就可以发挥非常重要的选择性激活作用，使具有不确定性特点的性质意义在具体的语境中的表义是明确的、确定的。也就是说，在具体语境中，特定的交际对象、交际场合、时代背景、社会现实等因素能够限制专名词语性质意义的理解，从而凸显专名词语所指对象某一方面的属性特征。在“程度副词 + 专名词语”格式中，专名词语的性质意义到底指的是哪一方面，需要依靠语境的激活和限制，具体的语境会将专名词语的性质意义激活到语义层面，交际双方依靠语境的支撑完成“程度副词 + 专名词语”格式的使用与理解。在语言运用中，语境会有选择地、有限制性地凸显专名词语性质意义的某一侧面，从而顺利完成专名词语由指称意义到性质意义的转变过程。例如下面这个句子：

他这个人很唐僧。

“唐僧”作为基础层专名词语的概念意义是特别指称《西游记》中带领孙悟空、猪八戒、沙僧三个徒弟去西天取经的师傅，这个指称意义是确定的、静态的，但是作为由特指意义转化而来的性质意义却是不确定的，同时具有“仁慈善良”“有爱心”“执着”“诚实”“意志坚定”“不近女色”“啰唆”等多方面属性特征，在“他这个人很唐僧”这句话中，到底是指唐僧的哪方面性质意义呢？如果仅仅是这个孤立的句子，那么理解起来会有一定困难。这时，就要依靠具体的语境来有选择性地激活“唐僧”这个基础层专名词语的具体性质意义了。

第三节　汉语专名词语中间层

一　专名词语中间层的性质特征

汉语专名词语中间层是专名词语层级体系中处于基础层和扩展层中间的层级。处于中间层的专名词语与处于基础层的专名词语相比较，距离一般的普通词语更近一步，根本原因在于中间层专名词语除了基础层专名词语所具有的特指某人或某物的基本意义之外，还具备一般的普通词语所具有的泛指意义。中间层专名词语的泛指意义是在其特指性的基本意义的基础上形成的，其形成的机制为认知上的隐喻和转喻。在获得了泛指性意义的前提条件下，中间层专名词语与一般的普通词语的距离就更近了一步，同时也就具备了普通的名词性词语的用法和功能。

（一）意义的双重性

中间层专名词语的本质特征就是意义的双重性，即处于中间层的专名词语既具有基础层专名词语的特指性意义，又同时具有普通的名词性词语的泛指性意义。例如：

阿斗	红娘	西施	李逵	武松	犹大
白骨精	陈世美	诸葛亮	东郭先生		
鸿沟	长城	泰山	天方夜谭		
杜康	回禄	子虚			
白宫	白厅	慕尼黑	五角大楼		
安培	瓦特	贝尔	亨利	焦耳	欧姆

“阿斗”原是三国时期蜀汉后主刘禅的小名，由于阿斗为人庸碌，后来用“阿斗”泛指懦弱无能的人；“红娘”的本义是指《西厢记》中崔莺莺的侍女，促成了崔莺莺和张生的结合，后来泛指一般媒人；“西施”

原指春秋时越王勾践献给吴王夫差的美女，后来泛指一切美女；“李逵”的本义是指《水浒传》中梁山泊好汉之一，绰号“黑旋风”，具有农民的淳朴、粗豪的品质，反抗性很强，对正义事业和朋友很忠诚，但性情急躁，后来泛指刚直、勇猛而又鲁莽的人；“武松”同为《水浒传》中的主要人物之一，勇武有力，曾徒手打死猛虎，后来泛指英雄好汉；“犹大”原是指耶稣的门徒之一，据基督教《新约・马太福音》的记载，他为了三十块银币而出卖自己老师耶稣，后来获得了叛徒的泛指意义；“白骨精”的本义是指《西游记》中一个阴险狡诈善于伪装变化的女妖精，后来用来比喻善于伪装的极为阴险毒辣的女人；“陈世美”是戏曲《铡美案》中的人物，考中状元后喜新厌旧，被招为驸马而抛弃结发妻子，最终被包公处死，后来泛指在情爱中见异思迁的男子；“诸葛亮”原指三国时期蜀汉的宰相，字孔明，辅佐刘备建立了蜀汉，《三国演义》中对他的智谋多所渲染，后来用来泛指足智多谋的人；“东郭先生”原是明代马中锡《中山狼传》中的人物，因救助被人追逐的中山狼，差点儿被狼吃掉，后用来泛指对坏人讲仁慈的人；“鸿沟”原是古代的运河名，在今河南境内，楚汉相争时是两军对峙的临时分界，后用来比喻明显的界线；“长城”原指我国古代伟大的军事性防御工程，始建于战国时期，后代多有增建或整修，后来用来比喻坚强雄厚的力量、不可逾越的屏障等；“泰山”本义是位于山东省的一座山，居于五岳之首，有“天下第一山”的美誉，后用来比喻受人敬仰的人或重大的、有价值的事物；“天方夜谭”原是阿拉伯古代民间故事集，又名《一千零一夜》，内容富有神话色彩，后来获得了比喻虚妄荒诞的言论的泛指意义；“杜康”的本义是相传最早发明酿酒的人，后常用来指酒；“回禄”原是传说中的火神名，后用来泛指火灾；“子虚”原是指汉代司马相如《子虚赋》中的主要人物，后用其泛指虚构的或不真实的事情；“白宫”本义指美国总统的官邸，位于华盛顿，是一座白色的建筑物，后常用来指称美国官方；“白厅”原指英国伦敦的一条大街，因过去有白厅宫而得名，现在是英国主要政府机关所在地，因此获得了指称英国官方的意义；“慕尼黑”本义是指德国南部的一座城市，1938 年英、法、德、意四国首脑在这里举行会议，签订了《慕尼黑协定》，英法以出卖捷克斯洛伐克向德国求得妥协，后来就用“慕尼黑”泛指外交上牺牲别国利益而与对方妥协的阴谋；“五角大楼”原指美国国防部的办公大楼，外形为五角形，后用来指称美国国防部。

中间层专名词语的双重意义都是属于静态的词汇层面的已经固定的定型的概念意义，其中的特指性意义是专名词语的本义，其固定性和定型性是毋庸置疑的。这里特别强调的是在本义基础上通过隐喻和转喻机制形成的泛指性意义，这种意义与被语境临时激活和凸显的基础层专名词语联想意义之一的性质意义是有本质区别的。基础层专名词语的性质意义是附加在专名词语特指性意义之上的联想意义，这种联想意义隐含在专名词语的背后，具有不确定性和动态性的特征，需要通过特定的语境的激活作用而凸显出来，并且明确其意义所指。因此，基础层专名词语的性质意义是不确定的，具有临时性的属性。与此相反，中间层专名词语的泛指性意义则已经成为专名词语固定的概念意义，这种意义与特指性意义一样，都是专名词语的核心意义，是一个词语的两个平级的意义内容，即一个词语具有两个不同的义项。实际上中间层专名词语的泛指性意义与基础层专名词语的性质意义应该是具有一定联系的，当专名词语的显著度处于较高程度时，专名词语的典型性质意义容易被凸显出来，再加上相似语境的反复强化（专名词语在相同或相似的语境中反复出现）就会使基础层专名词语的性质意义上升为专名词语的固定的意义内容，从而构成中间层专名词语的泛指性意义。例如，“诸葛亮”这个专名词语在产生之初就是指三国时期蜀国的丞相，这个人名所指称的对象通过《三国演义》的渲染，突出了其足智多谋的属性特征，这种属性特征就是附加在专名词语特指性意义之上的性质意义，随着语言的发展和运用，“诸葛亮”这个人物的显著度不断提高，其足智多谋的属性特征不断在具体的语境中加以强化，这样就致使“诸葛亮”与“足智多谋的人”建立了某种心理联系，人们只要在非特指三国时期蜀国丞相的语境中使用“诸葛亮”，自然就会理解其意义是泛指足智多谋的人。这样，本来是属于附属意义的性质意义随着语言的运用就变成了专名词语的固定的概念意义。

专名词语的性质意义和泛指性意义的关系具体如图 3. 6 所示。

语境强化

性质意义（附属意义）——→泛指性意义（概念意义）

显著度提高

图 3. 6

（二）指称的分指性

从指称的角度来说，与基础层专名词语指称的唯一性相比较而言，中间层专名词语的指称对象是不同的，具有分指性特征。一方面，处于中间层的专名词语的指称对象是明确的、特定的某人或某物，这一指称来源于专名词语产生之初的本义；另一方面，处于中间层的专名词语同时又可以指称不确定的、非特定的人或事物，这一指称与专名词语的派生义密切相关。例如，“诸葛亮”这个专名词语分别指称三国时期蜀国的丞相和一般的足智多谋的人，前一指称是特指性的，而后一指称则是泛指性的，客观世界中足智多谋的人是不计其数的，只要是足智多谋的人，我们都可以用“诸葛亮”来指称；“陈世美”可以指称《铡美案》中抛弃妻子被包公处死的人，也可以泛指见异思迁的男子；“泰山”既可以指称居于五岳之首的中国十大名山，也可以指称受人敬仰的人或有价值的事物。

与一般的普通词语相比较，所有的专名词语的指称对象都是特定的，但是，经过深入分析我们发现，处于专名词语层级体系中间层的专名词语却同时具有特指和泛指双重指称，这种分指性指称是中间层专名词语与其他词语相区别的最突出的本质特征。

二　专名词语中间层的范围

与专名词语基础层相比较，专名词语中间层的数量相对要少得多。专名词语基础层是一个开放的层级，其成员数量最为庞大，只要出现了特定的需要指称的人或事物，就要出现一个基础层的专名词语来指称它，这就造成专名词语基础层组成成员的无法计数的特点。而专名词语中间层的成员却是很有限的，相对来说是可以计数的，其根本原因在于中间层专名词语的本质特征——表义的双重性。中间层专名词语除了具有语义上特指某人或某物的特指性意义之外，更具有语言价值的是还要具有如一般的普通词语一样的泛指性意义，这种泛指性意义使得专名词语距离一般的普通词语更近了一步，从而显示了专名词语中间层的本质特征。然而，中间层专名词语的泛指性意义却不是短时间内很容易就获得的，其形成需有一定的前提条件作为支撑。首先，专名词语只有达到了一定的显著度才能获得形成泛指性意义的资格。能够获得泛指性意义的专名词语其显著度明显高于一般的基础层专名词语，专名词语的显著度高，彰显其属性特征的性质意义就更加突出，语言成员在高度熟悉、充分理解的基础上就会广泛使用它们，从而使其逐渐获得一般的普通词语的泛指性意义。其次，长时间的语言实践、相同语境的反复强化是专名词语获得泛指性意义的必经之路。专名词语泛指性意义的形成是一个极其漫长的过程，在短时间内一个基础层的专名词语是不可能获得泛指性意义的。词语的意义有两种情况，一种是伴随着一个新词语的诞生而产生的词语的意义，此种意义是与词语的诞生相伴而生的，只要客观世界中出现了新的事物现象，语言中就出现新的词语反映它们，具体地说新词语是通过其意义作为纽带反映新的事物现象的，因此，此种新词语的意义与新词语的产生是同步的；另一种则是在原有的本义的基础上派生出来的新的意义，这种派生义的产生却是需要语言实践的不断积累，需要激活新意义的语境反复出现，只有这样才会以本义为基点派生出新的意义。专名词语的泛指性意义就是这种在本义基础上派生出的新的意义，因此，其需要经历相当长的语言实践和语境激活才能最终形成泛指性的派生意义。综上所述，中间层专名词语泛指性意义的形成是语言内外因共同作用的结果，从语言内部来说，需要专名词语具有相当高的语义显著度；从语言外部来说，语言实践和语境激活是其最终形成的必要途径。通过以上分析可知，专名词语要想获得意义的双重性并不是件容易的事情，因此，这就造成了专名词语中间层成员的有限性。

从范围上看，专名词语中间层较专名词语基础层要小得多，其成员主要涉及语义显著度相当高的人名和地名，其他各类专名词语则很难获得泛指性意义，也就不能构成中间层专名词语意义的双重性和指称的分指性的性质特征。处于中间层的人名中，比较突出的是产生于文学作品中的虚构人名，这些人名的所指对象是文学作品的作者为了一定的创作主旨有意塑造出来的，此过程具有一定的目的性和主动性。这些人名所指的人物都具有凸显的属性特征，这为其性质意义的形成创造了条件。此外，随着文学作品的广泛传播，其典型的人物形象就会具备相当高的显著度，为语言成员所熟悉和认知，随着语言实践的进一步展开，在语境的强力激活作用下，这些虚构人名就最终获得了特指性意义之外的泛指性意义。

三　中间层专名词语个案分析——“张三”的泛指性意义和用法

“张三”是汉语专名词语中间层的一员，其既具有特指汉语社会中某个具体的人的特指性意义，又同时具有泛指性意义，用来泛指汉语社会中的任何人。意义的双重性和指称的分指性充分证明了“张三”作为中间层专名词语的身份，但是如果进行深入分析我们发现，“张三”的泛指性意义的形成与其他中间层专名词语相比较又是具有其特殊性的。

（一）张三的专指性意义和用法

“张三”作为一般的人名，专指汉语社会中的某个具体的人。“张”为其姓，“三”为其名。例如：

①我张三平生不做亏心之事，如何白日就会有鬼？（清《七侠五义》）

②小人姓张，名唤张三，是这里的店伙。（清《七剑十三侠》）

③难道你看不出，张三这人是个势利眼吗？（《读者》）

④日本人都在街上开了烟馆，张三*那*孙子还不敢出门。（老舍《浴奴》）

上面例子中的“张三”皆特指语言生活中实际存在的某个特定的人。①中“张三”与“我”对应，其专指性不言自明；②通过自我介绍的形式说明说话人的姓名及身份；③中“张三”后紧跟“这人”，指示代词显示了其特指性；④凭借“那孙子”与“张三”互指，可见“张三”确有其人。

（二）“张三”的泛指性意义和用法

现代汉语中“张三”更为普通的使用是其泛称不定指的意义和用法，这时的“张三”并非特指汉语社会中某个具体的人，而是用来泛指某个人或人名。

1. “张三”泛指性用法的历史追溯

“张三”的泛指用法最早见于五代时期的文献，这时的“张三”通常是与另一个词相伴而行的，那就是“李四”。例如：

⑤张三李四他人事。（五代《祖唐集》）

⑥瞥尔暂起见闻，便有张三李四。（北宋《禅林僧宝传》）

⑦但见义理之当为，不知为张三李四。（北宋《朱子语类》）

⑧比来问自己，为甚么却道张三李四？（南宋《五灯会元》）

⑨却是没个姓名，知是张三李四？（明《二刻拍案惊奇》）

⑩一头走，一头问他们是张三李四的名字。（明《英烈传》）

⑪原来章秋谷以前本来没有做过苏青青，明欺他们做倌人的张三

李四，身上的客人多得狠，那里记得出来？（清《九尾龟》）

⑫倘能生下一子，虽非我的精血，究竟由我抚养成人，比那百年之后，张三李四争夺家产好得多呢。（清《续济公传》）

在清代以前（包括清朝）的文献中，除“张三李四”作为一个共同体出现外，另外还有“张三”“李四”在一个句子中对举出现的情况。例如：

⑬彦冲修行却不会禅，宝学会禅却不修行；所谓张三有钱不会使，李四会使又无钱。（南宋《朱子语类》）

⑭绿水红桃华，前街后巷走百余遭，张三也识我，李四也识我。（南宋《五灯会元》）

⑮当下派定张三往东，李四往西。（明《二刻拍案惊奇》）

⑯如何李四冒张三，谁假谁真皆作要。（明《水浒全传》）

⑰并且他的姓名也没有一定的，今天叫张三，明天就可以叫李四，内中还有两个实缺的道、府，被参了下来，也混在里面闹这个顽意儿呢。（清《二十年目睹之怪现状》）

⑱见了张三，探听李四，见了李四，探听张三。（清《官场现形记》）

“张三”的泛称用法最早来源于“张三李四”这个类似于固定短语的凝固性较强的组合。从意义上看，绝大多数的“张三李四”为泛指某个人或某些人，只有少数泛指人名（例⑩⑰）。随着语言的发展“张三”“李四”的凝固性减弱，在语言中表现为拆开来对举使用，这时的“张三”泛指某个人、某个人名，而“李四”则指称与“张三”相对的另外某个人、某个人名。随着语言的进一步发展，在现代汉语中，“张三”在泛指某个人时，可以不与“李四”同现。这时，句中往往会出现举例性词语（“比如”“例如”等）或表假设关系的词语（“假定”“假设”等）。例如：

⑲*假定*我跟张三握手，你一着急从上面下面扑过来了，构成交叉握手这非常不好的。（《百家讲坛》2004年6月25日金正昆《身

边的礼仪（三）》）

⑳譬如，我找张三，我没给他打过电话，我首先要知道张三有几个电话号码，第一个打不通我就拨第二个，省得再去找，我也省时间。　（《百家讲坛》2005 年 6 月 9 日金正昆《金正昆谈礼仪之电话礼仪》）

这种单独使用的表泛称不定指的“张三”经常出现在语言学研究的例句中。下面的句子对于从事语言研究的人来说是非常熟悉的。

张三把晚饭以后看作最好的休息时间。

晚饭以后被张三看作最好的休息时间。

以上的例子摘自语言学论文，作者为了对比分析“把”字句和“被”字句的句式差异而举出上面的例句。

“张三”泛指用法的历史轨迹如图 3.7 所示。

“张三李四” → “张三”　“李四” → “张三”

（凝固使用）　（对举使用）　（独立使用）

图 3.7

现代汉语中“张三”表泛称不定指意义可凝固使用，可对举使用，也可独立使用，三者并不是矛盾对立的，在语言使用中表现为共存的关系。例如：

㉑到了工矿，发个表填上姓名，张三李四，籍贯年龄，随你一写。　（邓友梅《别了，濑户内海!》）

㉒不留名，不识张三李四，不留声，不知春夏秋冬。　（陈建功、赵大年《皇城根》）

㉓你真会说，张三李四全凭你三言两语说好说坏，可惜这回说错了，单凭记性不行，余静同志说，凡事要靠政治热情。　（周而复《上海的早晨》）

㉔我不管张三李四什么来头，我要先拆庙再搬神，把经济效益放在第一位。　（《人民日报》1995 年 12 月 20 日 No. B）

㉕使得历史上见不到的张三、李四不至于烟飞泯灭，证明历史是

人民群众创造的。 （陆文夫《文以载人》）

㉖我脑子里思想云集，强制性地大量涌现毫无系统的内容，由东到西，由张三到李四，杂乱多变。 （陈染《私人生活》）

㉗现在仅仅是举些例子，张三打太极拳受益、李四打太极拳身体好，这些都是感性的东西。 （《人民日报》1995 年 5 月 22 日 No. H）

通过现代汉语语料的考察，我们发现，“张三”“李四”分开来对举使用的频率要高于“张三李四”结合在一起凝固使用的频率。

2. “张三”泛指性意义的获得

通过以上分析我们发现，“张三”表泛称不定指的用法最早呈现在“张三李四”这个固定组合上。“张三李四”是由“姓 1 + 名 1”和“姓 2 + 名 2”构成的，那么在最初，为什么不用其他的姓（赵、钱、孙、李……）、其他的名（一、二、五、六……）表示泛指意义呢？循着这个思路，我们有必要对汉语中的姓氏“张”“李”及数词“三”“四”做进一步的分析。

（1）“张 x 李 y”格式

汉语社会中的姓氏是极其纷繁复杂的，最为大家熟知的莫过于《百家姓》。名为《百家姓》，其实其姓氏数量绝不止一百个，这是大家早已知晓的事实。在众多姓氏中，“张王李赵”是汉语中最常见的姓氏，被汉语使用者公认为四大姓氏。汉朝的应劭在《风俗通・佚文・姓氏》指出：“张、王、李、赵，皆黄帝之后也。”在口头俗语中我们也流行“张王李赵遍地刘”的说法。这就表明了“张王李赵”在众多姓氏中的特殊地位，由于是四大姓氏、由于其常见，因此汉语中经常用“张王李赵”泛指一般姓氏。例如：

㉘张王李赵权时姓，六道三途事似麻。 （唐《寒山诗校注》）

㉙张王李赵不是汝本来姓，汝本来姓个甚么？ （南宋《五灯会元》）

㉚船主叫苏旺，稍工水手，各姓张王李赵，究竟都是他弟兄子侄，不过为遮饰客人的耳目。 （清《绿野仙踪》）

㉛印度人这类姓好比中国的张王李赵，单提姓不知是谁。

（《读书》123 卷）

随着语言的发展，“张王李赵”又可泛指一般人。例如：

㉜她也乐得不分南北东西，不问张王李赵，进了门儿，两只手先拉了两妈妈道了阵喜，然后又乱了一阵。（清《侠女奇缘》）

㉝现在大家出去，把就认识的人邀来，张王李赵，愈多愈妙。（民国《清朝秘史》）

㉞就说目前活跃于京城的打工族，除了那些以打工谋生的张王李赵以外，越来越多的中学生也开始在闲暇之余走出学校，品尝打工挣钱的酸甜苦辣。（《报刊精选》1994 年 6 月）

通过以上分析可知，“张王李赵”在汉语中是具有整体意义的较为固定的四字组合，此组合中的每个单位的位置是不能随意互换的。在语言的演进中，“张王李赵”又抽象出“张 x 李 y”格式。x、y 可以是非姓氏的其他语言单位，如“张甲李乙”，这个四字格式经常在古汉语中使用，其意与现代汉语的“张三李四”相同。例如：

㉟张甲李乙，尚犹先之，此主人意待之不优之效也。（曹操《与王修书》）

“张 x 李 y”格式还可以衍生出“张冠李戴”等。由以上分析可见，“张三李四”来源于“张 x 李 y”格式，x、y 由最初的姓改为了名。也就是说，“张三李四”中作为姓部分的“张”“李”及其排列顺序是有理据可寻的。

（2）“三”“四”对举使用的表义特殊性

“三”在汉语中是一个古老的、使用历史颇长的数词。《老子》第四十二章说：“道生一，一生二，二生三，三生万物。”因此，数词“三”不仅仅是“一”加“二”的所得，自古就可表示生发、吉祥的意义，在汉语中“三”是具有神秘色彩的玄数。古人把天、地、人称为宇宙中的“三才”；日、月、星则为“三光”或“三辰”等。在汉语中“三”的语义进一步引申，具有泛指多数的意思，这就是我们常说的概数“三”。

"拜受者三人"（《仪礼·乡饮酒礼》），郑玄注释说："言三人，则众宾多矣"；"三番五次"不是只有三次五次，而是概指多次、数次、屡次；"三亲六故"不是只指三个亲戚六个故旧，而是泛指亲戚和故旧；"三人成虎"用来比喻说的人多了，就能使人把谣言当成事实。当表示概指多数的"三"与数词"四"相对使用时，"三"往往又引申出"这""这个""这样""这么"等意义，与之相对应，"四"也就获得了"那""那个""那样""那么"的含义。《现代汉语八百词》认为，"这/那"对举，表示众多事物，不确指某人或某物。那么"三/四"对举使用也会获得这样的用法。例如：

丢三落四：丢这（个）落那（个），形容马虎或记忆力不好而顾此失彼。

挑三拣四：挑这（个）捡那（个），形容挑挑拣拣，嫌这嫌那。

推三阻四：推托这（个）阻挠那（个），以各种借口推托、阻挠。

说三道四：说这（个）说（那个），指乱加谈论。

三邻四舍：这个邻居，那个邻居，泛指邻居。

三朋四友：这个朋友，那个朋友，泛指一些朋友。

这时，我们再分析"张三李四"这个四字组合，其意义当然可以类推解释为张这个、李那个，泛指某个（些）人或泛指人名。可见，"张三李四"中作为名部分的数词"三""四"蕴含了丰富的历史文化意义。

3. "张三李四"的递归衍生

我们知道，语言具有递归性的原则，这不仅仅表现在语法结构的组合上，在词语的衍生中也体现了递归的特点。表示泛称的"张三李四"有两个衍生方向：向前可衍生出"王二（王二麻子）、赵大"等；向后可顺延出"王五、赵六、钱七"等，在汉语中后者更为常见。例如：

㊱你知道这点杂种是张三李四赵六钱七的，就认做你的外甥！（明《醒世姻缘传》）

㊲【四块玉】一壁厢说与厢长，一壁厢报与坊正，恨不的翻过那物穰人稠卧牛城，（做叫云）街衢巷陌，张三李四，赵大王二。

（元《全元曲——杂剧三》）

㊳张三李四王五都在名片上散发高雅的檀香味。　（苏童《井中男孩》）

㊴按他的说法，张三李四王二麻子都是选拔对象，张三有背景，李四也有背景，平衡之后，很可能就把王二麻子牺牲掉。　（戴善奎《背景》）

㊵保育院张三李四王二麻子够多的了，又何必浪费一个方枪枪冒名顶替进行掩护？　（王朔《看上去很美》）

㊶那天就是这样，我去一个文物部门参观，主人，还有陪客张三、李四、郑五、王六，礼貌甚周，虽说“礼多人不怪”，却也令你规行矩步，如坐针毡。　（《读者》）

㊷伪军士兵们这才走出屋来，交头接耳，又惊又奇，一边走着，张三问李四，李四问王五，问了半天，谁也不知道这是耍的什么洋把戏。　（刘流《烈火金刚》）

（三）“张三”的非人名用法

在汉民族共同语层面，“张三”的人名性质确定无疑，然而扩大语言研究范围我们发现：在东北方言中，某些山区农民把狼称为“张三”。例如：

㊸小壳囊没有小猪倌，要给张三叼走呢。　（周立波《暴风骤雨》）

㊹刘桂兰上去盘腿坐在炕头上，谈起屯子里的一些奇闻和小事，谁家的壳囊给张三叼走，谁家的母鸡好下哑巴蛋。　（周立波《暴风骤雨》）

《暴风骤雨》这部小说主要描写了东北地区一个名叫元茂屯的村子从1946年到1947年土地改革的全过程。作者在作品中大量地使用了东北方言，特别是黑龙江方言。上面两例中的张三就是当地农民对狼的称呼。

“张三”这个词为什么由指人的名字转而变成对狼的称呼了呢？对于农民来说，狼这种动物是极具威胁性的，狼不仅能偷吃农民饲养的猪、羊、鸡、狗等家畜，而且还可能发生狼吃人的惨剧。因此，“狼”这个词在东北农村就成了“塔布”（taboo）——禁忌语。“禁忌语是一个社会用来表达对一些据传是对它的成员有害的东西的不认同，它可能是超自然的，或者这些行为是违反这个社会的道德规范的。这种情况的结果是，就语言而论，某些东西不能说或不能被提及，只是在一些特定的环境条件下，比如说特定的人或慎重的场合当中。”① 在东北农村的语言社会中，农民避讳“狼”这种给他们带来极大危险的动物，进而不使用“狼”这个汉语词汇，那么在语言交际中他们如何指称“狼”这种动物呢？社会语言学的知识告诉我们，哪里有禁忌语，哪里就有委婉语。这个委婉指称的任务就落在了“张三”的头上。

东北农民为什么偏偏选中用“张三”这个人名来指称“狼”这种动物呢？正如我们前面分析，“张三”这个人名具有泛称的意义和用法，泛指某个人。这种泛指意义具有非定指性和非专指性，用这样的人名词语来委婉指称“狼”这种凶狠的、残暴的、对人危害极大的动物实在是恰到好处。这种指称关系如图 3.8 所示。

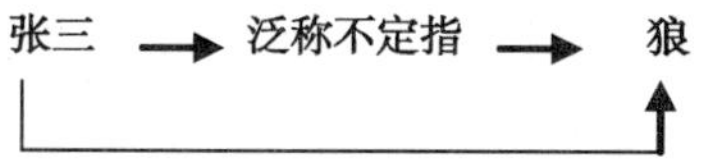

图 3.8

“张三”的泛称不定指意义是联系“张三”和“狼”的纽带，人们用生活中泛泛之辈“张三”指称凶恶强势的狼，表现出语言使用者对“狼”的避讳和蔑视。其社会学意义至此可窥见一斑。

语言具有普遍性特征，在汉语以外的其他语言中也存在着人名的泛指现象，但其泛指用法却与汉语有所不同。以我们熟悉的英语为例，英语中经常使用 John、Jack、Tom 等常用男子名泛指男性，用 Jill、Marry 等常用女子名泛指女性，而用 Tom，Dick and Harry 和 Brown，Jones and Robinson 泛指不分男女的普通人，其意义大体相当于汉语的“张三李四”。与英语相对比，汉语中不存在用常用男女名分别泛指男性、女性的情况，同时汉语用包括姓和名两部分的“张三李四”等泛指人，而英语则使用几个常用男子名表示泛指义。另外，英语中人名的泛指都是由专指（特指）意义的人名虚化而来了，其发展演变过程是：专指——→泛指，这也是多数语

① 郭熙：《中国社会语言学》，浙江大学出版社 2004 年版，第 258 页。

言意义转化的共同轨迹，而汉语中表泛指意义的“张三”则来源于特定的格式及特定的历史文化意义。因此，从泛指性意义的形成和使用上看，“张三”是属于具有汉语特色的特殊性中间层专名词语。

第四节　汉语专名词语扩展层

一　专名词语扩展层的性质特征

专名词语扩展层是处于专名词语层级性体系最外部的一个层级。处于扩展层的专名词语，与基础层和中间层的专名词语相比较，是距离一般的普通词语最近的。从结构形式上看，基础层专名词语和中间层专名词语都是由区别性成分和通用成分构成的，当然在语言运用中其通用成分是可以省略的，但却可以无条件地补出。而上述的这种结构形式特点却是扩展层专名词语所不具备的，原因在于扩展层专名词语从构成上看就是一般的普通词语，由于语言使用的需要而固化为专有名词。

（一）意义的有理性

作为书名、篇名、电影电视名、歌曲名等的扩展层专名词语，其意义的理解与构成专名词语的语言单位的组合义之间是具有一定联系的，二者从表达和理解上具有一定的理据性。例如，“唐山大地震”，是冯小刚指导的一部电影，作为电影名，其意义的理解与“唐山大地震”这个短语的组合义是密切相关的，通过“唐山大地震”这个短语形式我们就可以大致了解该电影是一部与唐山大地震有关的影片；老舍先生的代表作“四世同堂”，该书是以祁家四世同堂为主线进行描写和叙述的，作为书名，其意义可以通过“四世同堂”的组合义得到一定的提示和解释；“青藏高原”作为歌曲名，描写和赞美了青藏高原的美丽风光，表达了演唱者对青藏高原的热爱之情，歌曲名的意义可以通过歌曲名所呈现的语言单位的组合义得到相应的合理的解释，二者之间的理据性是十分明显和清楚的。

扩展层专名词语通常是其指称对象所反映主题的提示或总结，从内容上看，有的直接言明书籍、篇章、电影电视等的主体对象，例如，书名“好兵帅克”“长袜子皮皮”“狐狸爸爸”“安娜·卡列尼娜”“龙纹身的女孩”“雾都孤儿”“少女小渔”“质监局长”，电影名“焦裕禄”“任长霞”“叶问”“捉鬼大师”“特工邵特”“教父”“阿凡达”“被投石处死的索拉”，电视剧名“少年张三丰”“活佛济公”“天师钟馗”“检察官公主”“神医大道公”“三姐妹”“大长今”“豪杰春香”；有的交代客体对象或叙述事件，例如，书名“1001 条广告妙计”“魔咒钢琴”“公墓”“人性的弱点”“改变世界的植物”“世上最疼我的那个人去了”“郑和下西洋”“木棉花又开”“我把爸妈弄丢了”，电影名“保姆日记”“导火线”“真实的谎言”“功夫梦”“恐怖油轮”“人在囧途”“害虫横行”“天使爱美丽”“三傻大闹好莱坞”“死囚大逃杀”，电视剧名“太平洋战争”“妻子的诱惑”“媳妇的美好时代”“张小五的春天”“蜗居”“租个女友回家过年”“一起又看流星雨”“别对我说谎”；有的交代时间、地点、环境背景等，例如，书名“1901 年”“启蒙时代”“结婚以后”“蔷薇的第七夜”“大树底下”“从故宫到巴黎”“北纬 52 度”“西路上”“额尔古纳河右岸”，电影名“11：14”“2012”“冰河世纪”“长大后”“好雨时节”“那年夏天”“上海正午”“午夜小河”“卢旺达饭店”，电视剧名“和空姐在一起的日子”“婚后三十年”“绝密 1950”“刀锋 1937”“滇西 1944”“咖啡王子 1 号店”“雾柳镇”“松花江上”。

（二）结构的多样性

扩展层专名词语的语义内容十分丰富，这是由其所指对象所反映的主题或主旨所决定的。从语言本身分析，语义内容的丰富性势必带来语言结构形式的多样性，二者是相辅相成的、成正比的关系。扩展层专名词语主要由词和短语两级语言单位构成，也有少数是由句子或分句形式构成的。

由词构成的扩展层专名词语，例如：

书名：

家　天网　死水　见证　公墓　空杯　失控
奋斗　冥界　钟声　残痕　香草山　过渡镜

电影名：

听说　婚纱　弱点　风声　星辰　雨人　教父
面子　杜玛　敢死队　终结者　钢琴家　传教士

电视剧名：

命运　巨人　雪狼　战神　三国　传说　复婚
神话　茶馆　兵峰　上海滩　神枪手　锣鼓巷

由短语构成的扩展层专名词语数量众多，其内部结构形式多种多样，主要有偏正、动宾、主谓、联合、补充、同位、连谓、兼语等。例如：

偏正式：

书名：

七根蜡烛　青岛记忆　护心之心　风筝飘带
沉默的墙　城市爱情　蛋白质女孩　都市风景线

电影名：

死亡实验　暮光之城　黑帮女人　天使之恋
倩女幽魂　变形金刚　越光宝盒　星际传奇

电视剧名：

泡沫之夏　流星花园　爱情公寓　美妙人生
张小五的春天　灰姑娘的姐姐　百分之一的事

动宾式：

书名：

捕捉阳光　聆听父亲　追寻梦土　仰望苍穹
直上三楼　近视台湾　穿过地平线　阅读大中国

电影名：

拯救生命　深入敌后　寻找刘三姐　进攻列宁格勒

勇闯夺命岛　审判艾弗森　拜见岳父大人　拯救大兵瑞恩

电视剧名：

闯关东　创造情缘　决战南京　醉打金枝
大话江湖　吞噬太阳　爱上玻璃苣女孩儿

主谓式：
书名：

尘埃落定　行棋无悔　落英满床　人间有味
八月宁静　书缘未了　大爱无边　智者不惑

电影名：

小鬼当家　人兽杂交　人在囧途　亲密有罪
全城戒备　劳拉现身　全城热恋　女人不坏

电视剧名：

佳期如梦　美女不坏　家有儿女　憨媳当家
真爱如血　福祸相依　幸福一定强　生活大爆炸

联合式：
书名：

老人老事　那人那山那狗　旧日子旧人物　妄谈与疯话
书缘与人缘　愤怒与柔情　沟通与对抗　昨天的与世界的

电影名：

虎胆龙威　大兵小将　偷天换日　风流老板俏秘书

速度与激情　天使与魔鬼　芭比和十二个跳舞的

电视剧名：

地下地上　不离不弃　前世今生　牛郎织女
保姆与保安　福气又安康　媳妇儿和少奶奶

补充式：
书名：

飘在广州　逃往内海　独舞英伦　行走在路上
相遇了几分钟　走进五溪大湘西　飘在东莞十八年

电影名：

迫在眉梢　逍遥法外　爱在香港　飞向太空
爱得过火　筑梦2008　惊变28周　生于七月四日

电视剧名：

追查到底　纵横天下　爱你千万次　情定爱琴海
婚后三十年　生于80后　反恐24小时

同位式：
书名：

代号SBS　华威先生　圣哲老子　医生谷力
大盛魁商号　女法医宋雨日　皇父摄政王多尔衮

电影名：

特工绍特　尤物蜜雪儿　名侦探柯南　怪物史莱克

全民超人汉考克　剪刀手爱德华　无畏上将高尔察克

电视剧名：

活佛济公　天师钟馗　丑女无敌　闲人马大姐
知县叶光明　万历首辅张居正　梦比优斯奥特曼

兼语式：
书名：

以戏代药　放虎归山　让心灵去旅游　让上帝发笑去
让他宠爱你一生　有个女孩叫穗子　让我去那花花世界

电影名：

无人驾驶　请你闭嘴　买凶拍人　等着你回来
有泪不轻弹　带我去远方　让我为你靠点谱

电视剧名：

落泪成金　有泪尽情流

连动式：
电影名：

拨云见日　排队上天堂

书名：

扶轮问路　我醉欲眠　醉里挑灯看剑　读史知王道
留一半爱情给故乡　换个角度爱自己　和庄子赏鱼去

电视剧名：

笑着活下去　租个女友回家过年　落地请开手机　请摘星星给我

除了词和短语之外，还有少数扩展层专名词语是由句子构成的。其中，有些是比较显性的句子形式，表现为末尾出现了表达完整语气的标点符号，例如：

爸，你好吗？
谁是孩子他爹？
谁说我不在乎？
小子，看脚！
想吃麻花现给你拧！
我是爷们我怕谁！

以上都是电影名，作为特别指称的专名词语，一般情况下是不出现标点符号的，但是作为扩展层专名词语却具有很强的叙事性，能够表达一个相对完整的意思，具有比较固定的语气和语调，因此就在专名词语中出现了标点符号的使用。

句子形式的扩展层专名词语更多的情况是专名词语末尾不出现标点符号，虽然作为句子标志的标点符号不出现，但是我们可以明显感觉到其表义的完整性和句子独有的语气语调，我们把这种不出现标点符号的句子形式称为隐性句子形式。例如：

书名：

背影是天蓝的
你丈夫是干什么的
书读完了
一生太长了
世界上最疼我的那个人去了
这些都是你给我的爱
你家有熊猫吗

去香港读大学你准备好了吗
我在哪里丢失了你
我们热爱什么样的生活

电影名：

鬼子来了
姐姐走了
这个杀手不太冷
他其实没那么喜欢你
杀手是我的职业，亲爱的
我知道你去年夏天干了什么
我为什么也结婚了
现在和我爱的人一起生活吗

电视剧名：

他来了
我们来了
妻子回来了
春子家有喜事了
你一定要幸福
人生是美丽的
和我结婚吧
我和春天有个约会
你不是犯人吧
你来自哪颗星
圣诞节会下雪吗
拿什么拯救你，我的爱人
神啊！请给我多一点时间

以上扩展层专名词语，虽然末尾没有出现表示完整意义和语气的标点符号，但通过分析我们发现，其能够表达一个相对完整的意思，而且可以呈现肯定、否定、疑问、感叹等各种语气。

还有的专名词语是由复句形式构成的，例如：

书名：

谢谢你，赠我空欢喜

电影名：

站直喽！别趴下

因为爱你，所以没关系

有的复句的分句之间没有标点符号隔开，例如：

书名：

长大不成人

你长大了你做主

电影名：

惹我你就死定了

我在一家黑公司上班，已经撑不下去了

电视剧名：

你在微笑我却哭了

还有的专名词语只出现复句的一个分句形式，例如下面的电影名：

如果我是您

如果能在天堂与你相遇

假如爱有天意

还有些扩展层专名词语的结构形式是比较特殊的，例如：

书名：

大学.COM. 狼

如果·宅

电影名：

pk. com. cn

电视剧名：

都市女人.COM

二 专名词语扩展层的范围

扩展层专名词语是专名词语中一个具有开发性的层级，其数量处于基础层专名词语和中间层专名词语之间。扩展层专名词语既不像基础层专名词语数量那么庞大，也不像中间层专名词语数量那么有限。扩展层专名词语的开放性特征具体表现在，客观现实社会生活中，只要出现新的书籍、篇章、电影、电视剧、歌曲等事物，在语言的专名词语系统中，就要相应地产生新的书名、篇名、电影名、电视剧名、歌曲名等用来指称它们。上述新事物随着社会的发展会不断地、永无止境地出现，旧有的和新出现的累积起来，数量极其庞大，因此，指称它们的扩展层专名词语也就不断产生、层出不穷，从而构成了数量庞大、具有开放性特征的专名词语扩展层。

从范围和种类上看，扩展层专名词语又表现出有限性的特征，这方面主要体现在专名词语扩展层涵盖的专名词语的种类只涉及专名词语中的书名、篇名、电影名、电视剧名、歌曲名等。这些专名词语都是由一般的普通词语转化而来的，如果这些词语不用做书名、篇名、电影名、电视剧名和歌曲名，那么它们就与一般的普通词语没有什么区别。“家”“祝福”“雨人”“上海滩”“大海”这几个词如果不是以书名、篇名、电影名、电视剧名、歌曲名的身份出现，那么它们就是汉语词汇系统中最为普通的一个词；“蛋白质女孩”“我的母亲”“暮光之城”“婚姻保卫战”“被偷走的爱”这些短语如果不是作为书名、篇名、电影名、电视剧名、歌曲名出现在汉语的专名词语系统中，那么它们就是汉语中一般的普通短语的一员；“你丈夫是干什么的”“谁是最可爱的人”“我为什么离婚了”“你不是犯人吧”“你知道我在等你吗”，这些单位加上标点符号之后就是汉语中极其普通的一般句子，但一旦用作了书名、篇名、电影名、电视剧名、歌曲名，就成为汉语专名词语系统中的一名成员了。因此从这个角度说，数量上具有开放性特征、种类上具有有限性特征的专名词语扩展层，是距离一般的普通词语最近的一个专名词语层级。

三　专名词语扩展层的辞格运用及功能分析

（一）命名中的辞格运用

从专名词语的命名上看，扩展层专名词语最突出的特点是广泛而大量地运用各种不同的修辞格，以此作为一种积极有效的手段从而形成一个个表现力极强的扩展层专名词语。扩展层专名词语的形成过程中运用修辞格，能够使专名词语获得很强的审美效果，从而更加具体、形象、生动地表现所指对象的意义内容。其经常使用的修辞格有比喻、拟人、借代、夸张、仿词、反语、对比、呼告等。

1. 比喻

比喻是根据事物之间的相似点，用一个事物描写说明与之本质不同而又具有相似点的另一个事物的一种修辞方式。比喻一般由本体（被比喻的事物或情境）和喻体（用来比喻的事物或情境）构成，构成比喻的条件是本体和喻体是本质不同的两类事物，与此同时二者之间必须要具有相似点。扩展层专名词语的命名中，命名者通过联想抓住事物之间的相似点，运用比喻辞格最终形成一个具有审美价值和丰富寓意的专名词语。例如：

书名：

旧梦如花　爱是一杆温暖的枪　我是佛前一只鱼　一根水做的绳子

红日　大漠苍狼　旧巷斜阳　水边的仙茅草　生命里最后一盏灯

书名中既有明喻，如“旧梦如花”，又有暗喻，如“爱是一杆温暖的枪”“我是佛前一只鱼”，“一根水做的绳子”把水比作了绳子，出现了本体和喻体，比喻词却没有出现，是特殊的暗喻，还有只出现喻体的借喻，这种类型的比喻不仅在书名中是最常见的，在其他扩展层专名词语中也是最为常见的。“红日”这部书描写了解放战争时期，中国人民解放军华东野战军在山东歼灭国民党部队整编七十四师的故事，作者用“红日”来比喻革命的胜利；“大漠苍狼”这本书讲述的是20世纪60年代，新中国第一批地质勘探队队员的一次惊悚经历——地下1200处的洞穴探险，作者用把富有隐忍和探险精神的地质勘探队员比喻为“大漠苍狼”；“旧巷斜阳”比喻主人公悲惨而无望的命运；“水边的仙茅草”描绘的是农民工子女的艰难时日和幸福生活，作者在这里把农民子女比喻为鄱阳湖水边生命力极强的仙茅草；“生命里最后一盏灯”比喻渔家女子生命里最后的希望——爱情。

电影名：

蛇蝎美人　海洋天堂　我的超人前女友　像火花像蝴蝶
最后一站　爱上母牛　暴风前夜　怒火凤凰　奔跑的乌龟

电影名中以暗喻和借喻为主，“蛇蝎美人”把美人比喻成蛇蝎；“海洋天堂”把海洋比喻为自闭症儿子的心灵天堂；“我的超人前女友”把前女友比喻为超人；“像火花像蝴蝶”只出现比喻词和喻体，本体是指男女主人公经历的爱情；“最后一站”讲述的是主人公托尔斯泰晚年饱受妻子和大弟子的折磨最后走上离家出走的道路，“最后一站”比喻主人公人生的最后阶段；“爱上母牛”把男主人公的亲密同居女友比喻为母牛；“暴风前夜”比喻的是男主人公越狱后面临随时被逮捕的特殊时期；“怒火凤凰”比喻美丽而富有个性的女主人公；“奔跑的乌龟”比喻为生活奔波，受众人尊重却在妻子面前抬不起头的男主人公。

电视剧名：

父爱如山　你是我的眼睛　我的女友是九尾狐　春天后母心
龙游天涯　黎明之前　雾都猎狐　张小五的春天

电视剧名中既有明喻的，如“父爱如山”，又有暗喻的，如“你是我的眼睛”“我的女友是九尾狐”。“春天后母心”把富有爱心的后母心比喻成春天，本体和喻体都出现，只有比喻词未出现，是特殊的暗喻。更多的是借喻形式，“龙游天涯”比喻主人公的奋斗过程；“黎明之前”比喻革命胜利的前夕；“雾都猎狐”讲述的是新中国成立初期，美国派遣大量特务潜入内地制造混乱，解放军迅速成立侦破小组打击和抓捕特务的故事，用“猎狐”比喻解放军侦破小组抓捕特务的行动；“张小五的春天”把主人公张小五乐观积极的生活态度比喻为春暖花开的春天。

2. 拟人

拟人就是把事物人格化，也就是说把事物当成人，使之具有人的感情、动作、语言等。在扩展层专名词语中使用拟人这种修辞格，能够更加生动、形象、具体表达专名词语所指对象的主题。例如：

书名：

羊皮开门　船桥之恋　红拂夜奔　会走路的梦
迷失的子弹　咬人的村庄　有病的情诗　传说之死

电影名：

寂寞岭　倔强萝卜　摇摆 de 婚约　忧郁的解药
疯狂的石头　沉睡的青春　火星玩转地球　当幸福来敲门

电视剧名：

爱在路上　幸福一定强

3. 借代

借代是指用相关的人或事物代替所要表达的人或事物的一种修辞方式。借代的关键点在于人或事物直接的相关性，这与比喻的相似性是有本质区别的。电影名“复仇的利齿”讲述的是蛇群侵入公寓向人类复仇的惊悚故事，这里用“利齿”指代“蛇”；“绿帽子”讲述的是一个中年人和一个年轻人在遇到情侣对自己不忠的时候，所面对的尴尬场景和各自迥异的人生结局，“绿帽子”指代在爱情和婚姻中遭到背叛的男性；“血色入侵”中用“血色”指代12岁男孩的吸血鬼朋友。电视剧名“柳叶刀”用“柳叶刀”指代外科医生；“失恋高跟鞋”中用“高跟鞋”指代女人；“霹雳红唇”用“红唇”指代四位来自不同背景的女干警。

4. 对比

对比是把两种不同的事物或同一事物的两个方面放在一起，用比较的方法加以描述或说明的一种修辞方式。运用对比修辞格，能够更加鲜明、更加集中地突出客观事物之间的对立统一关系。这种修辞格在扩展层专名词语中也得到比较广泛的运用，例如：

书名：

水与火　小城大爱　天长地久　硬刀子软刀子
山南水北　地上地下　花落花开　圈里圈外

电影名：

大兵小将　穷途末路　天崩地裂　南男北女
偷天换日　速去迟归　龙兄鼠弟　土婆婆 PK 洋媳妇

电视剧名：

红男绿女　手心手背　南拳北腿　城里城外
大城市小浪漫　大老婆小老公　穷妈妈富妈妈
大医院小医师　有情鸳鸯无情剑　外地媳妇本地郎

5. 仿词

仿词是指临时更换现成词语中的某个语素或词，从而仿照出新的词语的一种修辞方式。仿词形式上保留了原有词语的特点，内容上却赋予新意，在扩展层转名词语中运用仿词能够使人产生活泼明快、新鲜生动的感觉，在此基础上获得一种幽默感或讽刺性。例如：

书名：

草样年华　锦鲤藏花

“草样年华”仿照“花样年华”而来，“草”和“花”属于同类事物，但是在构成更大的语言单位之后，二者从意义上具有相对性，是属于仿词中的义仿；“锦鲤藏花”是仿照“绵里藏针”而来的，“锦”“花”与原式“绵”“针”属于类义语言单位，“鲤”与“里”语音形式相同，因此这个仿词既有义仿又有音仿。

电影名：

十全九美　老无所依　买凶拍人

“十全九美”由“十全十美”而来，“老无所依”仿照的是“老有所依”，“买凶拍人”仿自“买凶杀人”。

电视剧名：

清官巧断家务事　冤家宜结不宜解

“清官巧断家务事”来自“清官难断家务事”，“冤家宜结不宜解”则仿自“冤家宜解不宜结”，两个仿词都是更换了一个意义相反相对的语言单位，从而最终构成的语言单位与原式意义正好相反，这种表达生动活泼，获得了意想不到的修辞效果。

6. 呼告

呼告是指直接呼唤专名词语所指对象中的人或事物的一种修辞方式。运用呼告，能够表示比较强烈的感叹，增强抒情效果，加强感染力，从而引起人们深入的思考。例如：

书名：

台北，给我一个放手的理由

电影名：

爸，你好吗？　熟男，我爱你

燃烧吧！火鸟　你好，杀人犯　杀手是我的职业，亲爱的

电视剧名：

妈妈，我爱你　爸爸，天亮叫我　神啊！请给我一点时间

加油！晓惠　翻滚吧！蛋炒饭　拿什么满足你，我的婆婆

呼告的对象可以是人，如“爸，你好吗?”，也可以是物，如“台北，给我一个放手的理由”；从形式上看，呼告对象可以在前，如“熟男，我爱你”“神啊！请给我一点时间”，也可以在后，如“杀手是我的职业，亲爱的”“翻滚吧！蛋炒饭”“拿什么满足你，我的婆婆”。呼告是专名词语的命名中一种比较特殊的修辞手法，运用呼告能够更大限度地表达命名者强烈的思想感情，比较集中地突出专名词语所指对象所要呈现的主题。

（二）专名词语扩展层的功能分析

扩展层专名词语是命名者结合专名词语所指对象的主旨思想，经过缜密的构思而获得的高度概括其所指对象主题或内容的专名词语。通过扩展层专名词语的展示，更能激发受众（读者或观众）接受该专名词语所指对象的可能性，即更大地激发受众阅读或观看的欲望。

彼特·纽马克（Peter Newmark）曾指出，语言具有信息功能、表情功能、祈使功能、美感功能、酬应功能和元语言功能六大功能。对于扩展层专名词语而言，其功能主要体现在信息功能、表情功能和审美功能（美感功能）这三方面上。

1. 信息功能

扩展层专名词语的信息功能是指专名词语能够表现其所指对象的内容或主题，以使受众更好地理解所指对象的功能。信息功能是扩展层专名词语的最基本的功能，也是其他功能产生的基础。

扩展层专名词语是展示其所指对象主题或内容的名片，如果是好的专名词语更能体现命名者的素质和品位，从而彰显命名者独特的创造性，更大程度地影响受众的理解和接受。扩展层专名词语能够提供有关其所指对

象的多方面的信息，例如，书名“女法医宋雨日”，这个专名词语交代的是本书讲述的主要人物，在我们看到这个书名的时候，就会知道这本书主要是围绕宋雨日这个人物展开描写的，而且还能获得宋雨日是女性、她的职业是法医等方面的信息；电影名“筑梦2008”“爱在香港”，则交代了时间、地点等信息；电视名“一路格桑花”则是以“格桑花”这个意象为线索贯穿故事始终的；电影名“拜见岳父大人”、电视剧名“爱上玻璃苣女孩儿”则通过专名词语大致展示了该电影、电视剧的主要故事情节。

通过扩展层专名词语，还可以看出其所指对象的题材类型。如果在专名词语中出现“情”“爱”“恋”“缘”等，那么该专名词语所指的书、电影、电视剧等一定是与爱情有关的，例如，书名“情深深雨蒙蒙”“爱的一厘米微蓝”“摩天轮的宿命恋”“三救姻缘”、电影名“浓情巧克力”“在世界的中心呼唤爱”“近在咫尺的爱恋”“半生缘”、电视剧名“情陷巴塞罗那”“如果相爱就像我们一样”“蓝色生死恋”“钻石情缘”。如果专名词语所指对象是军事、战争题材的，那么在专名词语中就会出现与军事战争有关的词语，例如，书名“怒江之战”“铁道游击队”“我们的队伍向太阳”“狙击生死线”“老少爷们拿起枪”电影名“走进炮火”“黄桥决战”“猎杀U571”“铁十字勋章”“特兰济特集中营”“纳瓦隆突击队”“拆弹部队”“血战1944”、电视剧名“地道战”“洪湖赤卫队”“我的团长我的团”“枪声背后”。家庭、婚姻题材的，例如，书名“许茂和他的女儿们”“婆婆媳妇那些事”“结婚纪念日”“新离婚时代”“婚内婚外”“麻辣夫妻”、电影名“我家乐翻天”“拜见岳父大人”“摇摆de婚约”“我们的家庭婚礼”、电视剧名“把日子过好”“老牛家的战争”“中国家庭”“婚姻保卫战”“婆家娘家”“夫妻密码”。

扩展层专名词语中经常出现能够引起人无限联想和想象的词语，这些词语所包含的信息为受众提供了更加广阔的联想和想象的心理空间，从而扩大了专名词语的信息功能。例如，书名“夜半红馆”“午夜诡楼”“老尸客栈”“子夜惊魂”“乡村鬼火”“天平间的磨牙声”、电影名“荒村公寓”“阴宅德马尔”“凶杀疑影”“血肉狂魔”“古堡惊情”“僵尸之地”“午夜出租车”，在这些专名词语中出现的“夜半”“午夜”“尸”“惊魂”“鬼”“魔”等词语，很容易引起受众的恐惧、紧张的情绪，人们一看到这些词语马上就会产生一系列关于恐怖场景的联想和想象。由此可见，这些词语在提高基本信息内容的基础上，又补充和增加了广阔而丰富的联想和想象的内容。

2. 表情功能

扩展层专名词语的表情功能是指专名词语在提供基本信息内容的基础上，能够奠定专名词语所指对象感情基调、表达命名者情感态度的功能。对于一般词语来说，有些词语具有褒贬的感情色彩意义。这种附加在理性意义之上的附属意义是比较狭窄的，仅限于表达肯定、否定、褒扬、贬斥等情感态度，而扩展层专名词语的表情功能则是宽泛而丰富的，其不仅能表达褒贬态度，而且还能表达和抒发各种强烈的感情，或惊讶、或感叹、或赞美、或讥讽、或嘲弄、或热爱、或痛恨……例如，书名“谢谢你，给我空欢喜”表达了作者反讽和嘲弄的情感态度；“恋爱啪啪啪”书名中的象声词传达了作者对爱情的理解与独特感悟，包含了无限的赞美与感叹。外国电影名“八面埋伏”通过该专名词语奠定电影充满刺激、惊险与恐怖的感情基调；“我家乐翻天”则表达了对家庭生活的强烈热爱之情；“燃烧吧！火鸟”以呼告的形式抒发了对爱情义无反顾、至死不渝的赞美之情。电视剧名“阳光灿烂周三强”通过该专名词语表达了对平凡百姓乐观积极生活态度的肯定和褒扬之情；“婚姻那些事儿”以一种轻松的口吻阐释了婚姻生活中存在的种种问题，既有对婚姻的赞美又有富有哲理的人生思考。

扩展层专名词语的表情功能是附加在信息功能之上的附属功能，一个好的专名词语除了能够表达其指称对象的主题或内容外，还应该提供一定的表情功能，使受众在第一时间把握其感情基调，更加有利于对指称对象的理解和认知。

3. 审美功能

扩展层专名词语的审美功能是指一个经过命名者精心的艺术加工而获得的扩展层专名词语所具有的能够给受众以不同程度审美享受的功能。扩展层专名词语的审美功能主要体现在专名词语的音乐美和形式美这两个方面上。

汉语的语音与其他语言的语音相比较具有音节界线分明、抑扬顿挫、音乐性强的特点，这是扩展层专名词语音乐美形成的基础。好的扩展层专名词语在语音方面应该做到发音响亮、音节和谐、节奏优美、富有音乐感。具有音乐美的扩展层专名词语读起来顺口，听起来顺耳，这样就能增强其表现力和感染力，从而更有利于专名词语的使用和传播。例如，书名“星沉雁远”四个音节声调相间，具有抑扬顿挫之美；电影名“海洋天堂”中的“洋”和“堂”都押 ang 韵，电视剧名“苏打和冰茶”则押 a 韵，读起来朗朗上口，听起来优美顺耳。

扩展层专名词语的形式美主要体现在专名词语往往采用形式整齐的对称格式，这样就能够使受众产生一种和谐匀称的审美感受。例如，书名“三生三世　桃花依旧”“最初的爱，最后的爱”形式整齐，四四相对；电影名“强袭猛攻”两两相对，“想吹就吹，吹得响亮”，运用顶针的修辞手法达到意想不到的形式之美；电视剧名“上海上海”“南下南下”采用重复词语的表现形式反复强调所要表达的主题内容。

第五节　小结

深入汉语专名系统内部，对其进行进一步的分析，我们完全可以构建一个汉语专名词语的层级性体系。专名词语显著度理论的提出以及专名词语泛化的隐喻、转喻机制为专名词语层级性体系的构建提供了理论依据。专名词语的显著度并不在一个水平线上，其显著度有高低的区别，而显著度较高的专名词语更容易获得专指意义之外的泛指意义。此外，显著度较高的专名词语经过认知上的隐喻或转喻机制最终实现了专名词语泛指意义的获得。如果一个专名词语既具有特指意义，同时又获得了泛指意义，那么其就与只具有特指意义的专名词语有本质的区别。我们根据专名词语与一般的普通词语的距离的远近这个标准构建专名词语的层级性体系。如果一个专名词语只具有指称某个特定的人或事物的专指意义，这样的专名词语距离普通词语的距离最远，那么它就处于专名词语的基本层级，由这样的专名词语聚合在一起就构成了专名词语体系的基础层。如果一个专名词语除了具有专指意义外，还具有一般普通词语那样的泛指意义，这样的专名词语因为获得了普通词语的泛指意义而距离普通词语就更近了一步，此种专名词语聚合在一起构成了专名词语体系的中间层。专名词语中还有一类是距离普通词语最近的，从形成上看，它们原本就是普通词语，由于语言使用者为了命名的需要将其固化为书名、篇名、杂志名、电影电视名、歌曲名等专名词语。我们把这种由普通词语转变来的专名词语构成的类聚称为专名词语体系的扩展层。各个层级的专名词语的性质特征、范围及语用功能等具有明显差别。

第四章

专名词语的翻译问题

第一节　专名词语与翻译

一　专名词语翻译的特殊性

由于专名词语与一般的普通词语相比在语义上所呈现出的特指性本质特征，势必使专名词语在不同语言之间的翻译过程中体现出与普通词语不同的特殊性。

专名词语本身的特指性特征要求其译名具有唯一性的特点。通常情况下，人们会认为专名词语的翻译较之普通词语的翻译似乎要容易得多。一般认为，专名词语的翻译不会影响到对专名词语所出现的整个文本的阅读和理解。但深入到不同语言之间的文化交际之中，我们会发现实际情况并非如此简单。普通词语在翻译时在目标语（target language）中往往会有与之对应的现成的词语，而专名词语则不然，其所指称的事物往往是独一无二的，在源语（source language）中用来特别指称某人、某物，因此，专名词语在翻译过程中需要翻译者另外创造出符合目标语语言特点的译名。这种译名与目标语的一致性要求，在语言的语音、语义和语法等各个层面都有所体现。

另外，从专名词语系统的内部来看，其本身所包含的成员数量繁多，类型复杂多样，这种研究对象自身所具有的客观特殊性，也会导致在对其进行不同语言之间的翻译时将要面临各种各样的具体情况。不同类型的专名词语，其翻译方法会各不相同，各有侧重，在翻译过程中将要出现的问题、所要注意的事项林林总总、不一而足。此外，有些专名词语除了具备基本的指称意义和信息功能之外，还具有某些美感功能和祈使功能。可见，专名词语的翻译将会关涉语言、国情、历史和民族习惯等多种因素。

因此，在专名词语的翻译过程中，对于研究主体来说，更为重要的一点是认清和正视作为翻译转换对象的专名词语的本质特征，针对具体不同的个体对象，进行细致入微的本体研究。只有在这种端正的研究态度的指导下，才能做好专名词语的翻译研究工作。

专名词语的翻译既不是简单的“拿来主义”，也不是完全脱离专名词语本身特质的再创造，一定要结合专名词语的实际情况，进行有针对性的具体研究，最终实现专名词语译名的标准化和规范化。

二　专名词语翻译的原则

正如上述所言，专名词语系统的成员纷繁复杂，在进行不同语言的翻译过程中会出现各种不同的具体情形。因此，专名词语的翻译必须要在一个统一的、一致的原则的指导下才能顺利进行。综合专名词语翻译的总体情况，想要获得一个令语言使用者接受、符合目标语语言特征、最终达到一定审美要求的译名，在专名词语翻译时，一般要坚持名从主人、约定俗成和符合标准这三项原则。

（一）名从主人的原则

所谓“名从主人”就是指在翻译专名词语时，要根据该专名词语在源语的发音来进行实际的翻译。也就是说，对某个具体的专名词语进行翻译时，应以该专名词语所在国家的语言的发音为准。例如，“毛泽东”“上海”翻译成英语时，应根据汉语普通话的读音翻译为“Mao Zedong”“Shanghai”；“Bloomfield”“Liverpool”翻译成汉语时，应根据其在英语中的读音译为“布龙菲尔德”“利物浦”；“Kim Jong - un”翻译成汉语时则应根据其在韩语中的发音译为“金正恩”；“Paris”不能按照英语读音翻译成“巴里斯”，而应按照其法语的读音［pari］翻译成“巴黎”；“Rome”因其在意大利语中读为［rouma］，所以在汉语中应译为“罗马”；越南的“金兰湾”不能根据其汉语普通话的读音译为“Jinlan Wan”或“the Jinlan Bay”，而应根据其越南语发音最终翻译为“Vinh Cam - Ranh”。这里比较特殊的日本的专名词语，特别是人名、地名，因其历史上曾经长期使用汉字，汉字的形体已经在人名、地名等专名词语中打上了深深的烙印，所以，其人名、地名等专名词语不必按其日语的发音来进行汉译，直接使用其汉字即可，例如，“Tokyo”是“东京”，“Hiroshima”是“广岛”。

总之，“名从主人”是专名词语翻译中最基本一个原则，对于大多数采用音译方法进行翻译的专名词语来说，应该以此作为首要的、必须遵循的原则。

（二）约定俗成的原则

所谓“约定俗成”是指如果某个专名词语已经有了一个使用比较广泛并且沿用已久的译名，即使这个译名不符合翻译的标准，也要尊重原有的广泛流行、沿用多年的译名，而不必再重新更改。“约定俗成”原则强调的对象是那些虽然违背了专名词语翻译统一标准但却具有广泛群众基础的译名。这样的译名必须同时满足时间和空间两个方面的要求，具体地说，时间上一定是沿用多年的，经历了几年、几十年甚至上百年的时间考验的；与此同时，空间上要求此译名必须是语言使用者普通接受并反复使用的、广泛流传的。例如，“孙中山”，如果按照现在的标准应该根据汉语普通话翻译为“Sun Zhongshan”，但是其原来的译名“Sun Yat - sen”已经为英国国家普遍接受并广泛使用了很长时间，这时，我们就应根据“约定俗成”的原则，没有必要另行翻译了。“宋庆龄”与“Soong Ching Ling”、“孔子”与“Confucius”、“孟子”与“Mencius”、“老子”与“Laotsu”都属于这种情况。“Spain”，如果按照现行的标准是绝对不能翻译成“西班牙”的，但“西班牙”这个译名在汉语中已经沿用了相对长的历史，汉语社会的成员已经对这个译名所指的国家普通了解，我们当然不应硬性地再做其他翻译了。

专名词语翻译的“约定俗成”原则体现了语言标准化、规范化与语言习惯使用之间的矛盾对立的关系。在任何情况下，作为语言工作者都不能以绝对的标准或规范来对待所研究的语言现象，在其背后语言的习惯使用——“约定俗成”是主导语言发展方向的最大力量。

（三）符合标准的原则

专名词语翻译的一致性是专名词语翻译工作中一项极其重要的内容，也是能否实现专名词语翻译“等效”目标的一个基本的、起决定作用的关键要素。要想达到专名词语翻译一致性的目标，就要遵循各种类型专名词语翻译的统一的、一致的标准。目前，大多数国家都根据本国语言和其他各国语言的实际情况制定了相应的不同类型的专名词语翻译的各项标准。例如，在地名翻译中，各国制定了罗马字母拼写地名的统一形式，日本政府颁布的“训令式”法定转写方案，韩国政府制定的“韩语罗马转写方案”，等等。我国则采用汉语拼音方案作为中国地名罗马字母拼写法的国际标准，这不仅促进了汉语普通话的推广，同时也提升了汉语拼音字母在地名翻译中的合法地位，从而促进了地名翻译的规范化。而在翻译外国地名时，也以符合标准为原则，中国地名委员会制定了《外国地名汉字译写通则》，国家民政部和国家测绘局制定了英语、法语、德语、西班牙语、俄语、阿拉伯语 6 种外语地名汉字译写规则和意大利语、瑞典语、印地语等 55 种语言汉字译音表等，依据这些标准相继出版了规模不等的地名译名手册，例如，商务印书馆出版的中国地名委员会编写的《外国地名译名手册》和上海辞书出版社出版的《世界地名词典》等。除地名之外，也相应制定了人名翻译的国家标准。

总之，汉语专名词语翻译要以《汉语拼音正词法基本规则》和《汉语拼音方案》为基本标准，用普通话的标准语音和规范的汉字译写外语人名、地名等专名词语。只有坚持符合标准的原则，才能实现专名词语翻译的规范化，使其走上健康良性的发展轨道。

三　专名词语翻译的方法

针对不同类型的专名词语，其所涉及的翻译方法会有所不同。专名词语翻译中最为常见常用的方法的有以下三种：音译法、意译法和音意合译法。

（一）音译法

音译法就是把源语的专名词语按照标准的读音译成目标语的翻译方法。在专名词语的翻译中，音译法是使用最广泛的一种翻译方法。如把汉语中的“赵本山”“沈阳”按照汉语普通话的标准读音翻译为“Zhao Benshan”“Shenyang”；把英语中的“Kissinger”“Kennedy”“London”“Canada”按照英语的读音翻译成“基辛格”“肯尼迪”“伦敦”“加拿大”。

专名词语在语义上具有特指性的特点，也就是指称的唯一性特征，这样其指称功能就成为专名词语翻译过程中最为凸显的一个方面。在专名词语翻译中，凡是只突出其指称功能而不强调其词汇意义的专名词语，都可采用音译的方法。在专名词语中，人名、地名的指称功能在不同语言的翻译过程中表现得最为突出，所以，一般的人名、地名大多采用音译法进行对译。“对于人名、地名等专有名词，音译是最佳的选择，是达到语词等值的最佳手段。”① 如具体翻译时，如果是有定译的，应遵循约定俗成原则，采用通用的译名形式；如果没有定译的，应遵循名从主人原则，根据其在源语中的读音进行相应的对译。

（二）意译法

意译法就是根据专有名词在源语中的意义进行适当翻译的方法。在专名词语的翻译中，影视歌曲名、篇章著作名、机关团体名和部分地名、国名多采用意译法。例如：

让子弹飞（电影名） Let the Bullets Fly
三国演义 The Romance of Three Kingdoms
欧美同学会 Western Returned Scholars Association（WR-SA）
国家教育委员会 State Education Commission
三峡 Three Gorges
黄海 Yellow Sea
西湖 the West Lake
长城 the Great Wall
象鼻山 Elephant's Trunk Hill
人民大会堂 the Great Hall of the People
中华人民共和国 the People's Republic of China

The Bathing Beauty 出水芙蓉（电影名）
Le Rouge et le Noir 红与黑（书名）
United Nations Educational, Science and Culture Organization（UNESCO）
联合国教育、科学及文化组织（联合国教科文组织）
the Dead Sea 死海
Newcastle 新堡
Long Island 长岛

① Larson, Mildred L., *Meaning - Based Translation*, New York: University Press of America, 1998: 179.

the Yellowstone Park	黄石公园
the Red Cross Society	红十字会
Oxford	牛津

采用意译法翻译的专名词语除了具有指称某个特定的人或物外，还具有传达特定词汇意义的语用功能、审美功能或祈使功能，因此，翻译时尽量突出专名词语指称意义之外的其他意义内容。例如，专名词语中的电影名，作为影片的名称一定要传达与该影片相关的主旨内容，而这种意义蕴含必须通过意译的方式才能体现出来。其他类型的通过意译法进行翻译的专名词语，都相应地具有上述的某些特点。由此可见，专名词语本身的某些意义特征决定了专名词语翻译的方式、方法。

（三）音意合译法

音译合译法就是部分根据源语的读音进行音译，部分依据其意义进行意译的翻译方法。在专名词语中，部分地名、国名、机关团体名、品牌名等从结构上看具有区别性成分和通用成分，通常情况下，区别性成分采取音译方法，而通用成分则是意译的。例如：

黑龙江	the Heilongjiang River
泰山	Mount Tai
山海关	Shanhai Pass
岳阳楼	Yueyang Tower
屈原祠	Qu Yuan Memorial Temple
哈尔滨博物馆	Harbin Museum
黑龙江省科学院	Heilongjiang Academy of sciences
海尔洗衣机	Haier Washer

New Mexico	新墨西哥
New Delhi	新德里
Cambridge	剑桥
The New York Times	《纽约时报》
Lincoln Memorial Hall	林肯纪念堂
Harvard University	哈佛大学

Douglas Aircraft Company　道格拉斯飞行公司
Electrolux Refrigerator　伊莱克斯电冰箱

第二节　专名词语翻译的具体研究

一　生命类专名词语翻译

（一）人名的翻译

人名是专有名词中非常重要的一个分类，通常采取音译法进行翻译。这样看来，人名的翻译似乎是比较简单的，但实际的情况却并非如此乐观。人名的翻译涉及历史、文化以及语言文字自身特征等诸多因素，这就导致人名翻译必定是一项极其繁复而艰难的工作。在人名的实际翻译过程中，仍存在各种各样的问题。

1. 注意人名的排列顺序

汉语人名的姓名顺序是姓在前，名在后。因此，根据名从主人原则汉语人名翻译时仍然保持姓前名后的顺序，具体做法是姓部分的第一个字母大写（复姓要连拼），名部分的第一个字母也大写（名字是双名或更多的需要连拼，中间不加连字号，第一个字母大写）。例如，“陈立新”的正确翻译是“Chen Lixin”。但是在现实生活中，汉语人名的翻译却存在着姓和名颠倒的混乱情况。最为国人所诟病的莫过于奥运会、亚运会等重大国际体育赛事的报道中汉语人名的翻译了，中国体操运动员“李宁”翻译为“Li Ning”的有，翻译成“Ning Li”的也有，对于外国人来说，哪个是名，哪个是姓，更是一头雾水。

英美等西方外语人名也是由姓和名两部分构成，但其顺序与汉语不同，则是先名后姓。完整的人名通常包括三个部分，第一部分是教名（Christian name），也称作“第一个名”（first name）；中间部分是中间名（middle name）；第三部分是姓（surname 或 family name），也称为“最后的名”（last name）。简单地说，其顺序为“名 + 中间名 + 姓”（在很多场合，中间名往往会被省略）。因此，在翻译这些人名时应该依据名从主人原则按照名前姓后的顺序进行音译，并且各部分之间要用“·”隔开。例如，瑞士著名语言学家 Ferdinand de saussure，翻译成汉语应为“费尔迪南·德·索绪尔”。但是在过去，却存在外语人名按照汉语人名姓前名后的顺序进行翻译的现象，例如，著名的英国文学家萧伯纳，其英语原名为“Bernard Shaw”，显然“萧伯纳”的这个译名是按照汉语姓名的排列顺序进行翻译的。如果依据现在的翻译原则和标准，这种译法是不正确的，但是因为“萧伯纳”这个译名已经被汉语社会的成员所广泛接受，已成为定译，所以，遵循约定俗成的原则，就没有必要再做另外的翻译了。

2. 人名翻译的文字符号选择问题

不管是汉语人名翻译成英语，还是外语人名翻译成汉语，都涉及用什么文字符号标记所翻译的人名的问题。

（1）汉译英

如前所述，汉语人名翻译成英语时，我们的标准做法是根据《汉语拼音方案》进行音译，也就是采用汉语拼音方案中的拼音字母对汉语人名进行拼写。但是，由于汉语社会是一个比较宽泛的概念，除了包括中国大陆地区的汉语社会外，中国香港、澳门、台湾及旅居海外的华人、华侨也是汉语大家庭的成员。如此宽泛的汉语社会中，势必造成汉语人名翻译的多元化倾向。具体表现是，同一个人名，在不同的汉语社会中其译名所使用的字母符号存在着差别。例如，“何厚铧”在澳门的译名为“Edmund Ho Hau - wah”。

下列人名在台湾地区的译名为：

马英九	Ma Ying - jeou
连战	Lien Chan
王金平	Wang Jin - pyng（Wang Chin - ping）
吴伯雄	Wu Poh - hsiung
李敖	Lee Ao
萧万长	Hsiao Wan Chang（Vincent Siew）
李远哲	Yuan Tseh Lee
张荣发	Yung - fa Chang

下列人名在香港的译名为：

董建华	Tung Chee - hwa
邵逸夫	Run Run Shaw
李嘉诚	Li Ka Shing
霍英东	Henry Fok Ying - tung

下列华人在海外的译名为：

李政道	Tsung - Dao Lee
丁肇中	Samuel Chao Chung Ting
贝聿铭	Ieoh Ming Pei
朱棣文	Steven Chu
陈省身	Chern Shiing - shen
何大一	David Ho
杨致远	Jerry Yang
田长霖	Chang - Lin Tien

通过上面的举例可以看出，中国香港、澳门、台湾及海外的华人所使用的汉语译名不是按照《汉语拼音方案》进行拼写的，而是另一套拼写方式——威妥玛式拼音，也称为“威妥玛—翟理斯式拼音（the Wade - Giles System)”。这就造成了汉语人名音译拼写符号不一致的现象。同一个人名，采用不同的拼写系统，势必会造成“一名多译”的混乱现象。由于历史、文化等多方面因素的影响，汉语人名音译的不一致现象，将在一段时间内存在于语言社会当中。但是，随着时间的推移，汉语社会本身的发展，以及语言工作者的不断努力，汉语人名“一名多译”的现象将会得到相当程度的扭转，一种更加健康、更有利于语言社会使用的译名统一的局面必将呈现于众人面前。

（2）外译汉

外语人名翻译为汉语时，必须使用汉字来进行记录。那么，具体选择什么汉字来翻译外语人名就变成了最为重要也是最为棘手的问题。目前，“内地对外国人名地名的翻译一般遵循名从主人，约定俗成和发音标准，用词规范等原则"[①]。即使依据上述的标准和原则对外语人名进行翻译，但是，在实际的翻译过程中，仍然存在着选字的混乱现象。归纳起来，外语人名汉译主要出现的问题集中在以下几个方面：

①作为译名选字标准的相关字、词典收录不够全面

对于英、美等英语国家的人名，可以参考《英语姓名译名手册》（商务印书馆）以及《英语姓名词典》（外语教学与研究出版社）等标准资料作为汉译选字的参考。但是，语言是不断发展的，外语人名中会不断出现新的拼写方式，这些作为标准的字、词典却不可能得到及时的更新。另外，不同的字、词典对于相同的外语人名翻译的选字也尚未达到完成的统一。这些因素都会造成外语人名翻译的实际操作中出现不一致的现象。

②不同汉语社会内部的译名选字不一致

外语人名汉译中另一个比较凸显的问题就是中国大陆与港澳台及海外华人地区等不同的汉语社会，对于外语人名汉译选字上存在着比较明显的偏差。

以下外语人名在台湾地区的译名为：

Service, John Stewart	谢伟思（英国）
Penn, Virginia	潘伟今（美国）
Fung, Margaret	冯美琪（美国）
Hummel Jr., Arthur William	恒安石（美国）
Wilson, Archibald Duncan	文郁生（英国）
Stimon, Henry Lewis	史汀生（美国）

以下人名在香港地区的译名为：

Ridley Scott	列尼·史葛（英国）
Christopher Nolan	基斯杜化·路兰（英国）
Christian Bale	基斯顿·比尔（英国）
Heath Ledger	希夫·烈达（澳大利亚）
Michael Caine	米高·坚（英国）

① 方梦之：《翻译新论与实践》，青岛出版社2002年版，第246页。

Charlize Theron　　查理丝·花朗（南非）

总的来说，一般的情况是大陆地区尽量避免用中国姓氏翻译外语人名，以体现其“外来”的身份；台湾地区则习惯使用中国姓氏翻译外语人名，期间的“汉化”色彩十分浓重；香港地区则喜欢给政府官员取个地道的汉名，其他新闻人物则大多以粤语的发音为准进行音译。这样的结果是一个外语人名至少有三个不同的汉语译名，由此引发不必要的混淆。

（3）人名翻译用字的性别特征

①人名翻译用字性别差异分析

“依性别而命名，从名字分性别，似乎已经成为人们约定俗成、共同遵守的一种习俗。这种现象无论是在史书上、文学作品或实际生活中都屡见不鲜，形成了一种特殊的人名文化。”① 在翻译外来人名时，依据外来人名的语音特点用汉字进行本土化的改造过程中，其用字的性别特征也是显而易见的。

A. 对举型翻译人名用字

通过汉语外来翻译人名的综合考察，我们发现在用字上，女名多使用体现女性特征和女性意识的字，如“姬、娜、妮、娃、娅、芭、芙、蕾、莉、莎、薇、茜、琳、玛、琪、珊、黛、露、丝、丽”等，与之相对应的男名则使用“基、纳、尼、瓦、亚、巴、夫、雷、利、萨、威、希、林、马、奇、山、戴、路、里/理、斯”等。二者的对应关系如表 4－1 所示。

表 4－1　　对举型翻译人名用字示例表

女名用字	外来人名举例	男名用字	外来人名举例
姬	蓓姬 姬儿 姬玛	基	麦基 维基伊万诺夫斯基 基诺基思
娜	阿西娜 安娜 黛安娜 达莲娜 汉娜 克里斯蒂娜 雷娜 利昂娜 丽娜 洛娜 莫娜 唐娜 阿娜丝塔	纳	艾布纳 戴纳 格纳 华纳 瓦格纳 纳撒尼尔纳特 弗纳尔 罗纳德 伦纳德 强纳生 琼纳斯 唐纳德
妮	安妮 梵妮 黛芙妮 雷奥妮 妮可 妮可拉 妮娜 莫妮卡 蜜妮安 珍妮特 爱葛妮丝	尼	安东尼 伯尼 罗德尼 汤尼 雅克尼 尼尔森 布尼尔 丹尼尔 多米尼克 亚度尼斯
娃	艾娃 阿尔娃 莉娃	瓦	阿尔瓦 瓦尔克 瓦尔特

① 郑宝倩：《华夏人名与中国文化》，中国人民大学出版社 1993 年版。

续表

女名用字	外来人名举例	男名用字	外来人名举例
娅	雷娅 米娅 索非娅朱莉娅	亚	安德烈亚 诺亚 乔治亚 以利亚 亚岱尔 亚当 亚德里恩 亚伯拉罕
芭	芭芭拉	巴	巴德 巴尔克 巴顿 巴克巴洛 巴伦 巴里特 巴特莱 巴泽尔
芙	奥丽芙 伊芙 葛佳丝塔芙 阿芙拉 阿芙罗狄蒂 贝芙丽 依耶芙特	夫	阿道夫 迪夫 古斯塔夫 杰夫 雷尔夫 列夫 伦道夫 鲁道夫 霍夫曼 克利夫兰
蕾	蕾娜塔 蕾妮 菲蕾德翠卡	雷	莫雷 雷尔夫雷克斯 雷蒙德 雷欧 雷哲布雷迪克雷孟特 普雷斯科特 阿尔弗雷德
莉	阿蜜莉 埃米莉 艾谱莉 莉莉 爱莉克希亚 弗莉达 塞西莉亚 阿蜜莉雅	利	哈利 亨利 扎克利 利奥 利瓦伊 埃利奥特 奥利佛 艾利克
莎	阿加莎爱尔莎 柏莎 丽莎 莎碧娜 莎拉莎莉 莎柏琳娜 伊莎蓓尔	萨	巴萨罗穆 艾萨克
薇	艾薇 梅薇思 赛薇亚拉 奥丽薇亚 奥克塔薇尔	威	威尔 威廉 威利 威弗列德
茜	凯茜	希	凯希 亚希伯恩 希尔保特
琳	艾琳多琳 关德琳 贾思琳 杰奎琳 凯瑟琳 伊文捷琳 艾琳娜 艾琳诺 罗莎琳德	林	法兰克林 富兰克林 格林 科林 莫林 伊夫林 亚尔林 林顿 林恩 林赛 弗林斯 格林顿
玛	爱尔玛 爱玛 姬玛 卡玛 玛佩尔 玛德琳 玛格丽特 玛吉 玛琪 玛西亚 玛雅	马	摩帝马 马丁 马卡斯 马克 马里 马歇尔 奥马伦
琪	布兰琪 玛琪 瑞琪儿	奇	费奇 利奇 阿奇尔 阿奇柏德
珊	罗克珊 苏珊 珊多拉 苏珊娜	山	山姆山迪 亚历山大
黛	黛安娜 黛碧 黛儿 黛芙妮 黛娜 黛西 摩黛丝提	戴	戴里克 戴纳 戴维
露	露易丝 露比 露丝	路	路 路德 路德维希 路易斯 米路
丽	艾美丽 奥德丽 贝芙丽雷思丽 玛丽 英格丽 艾丽卡 艾丽斯 百丽儿 迪丽雅朱丽叶	里/理	杰弗里 科里 罗里哈里 高德佛里 里根戴里克布 拉得里克 海因里希 帕特里克盖理 杰理 理查德 杰佛理
丝	爱莉丝 丹尼丝 菲妮克丝 柏妮丝华莉丝珍尼丝 泰丝 葛瑞丝 海洛伊丝 康斯坦丝 丝特勒 丝特芬妮 艾丝翠得 艾丝特翠丝特 阿娜丝塔 葛佳丝塔芙	斯	埃尔维斯 安格斯 毕维斯 丹尼斯 费力克斯 贾艾斯 柯蒂斯 雷克斯卢卡斯 马科斯亚尔维斯 亚摩斯 安斯艾尔 奥斯顿 奥斯蒙 切斯特 阿姆斯特朗 奥格斯格 克里斯托弗 席尔维斯特

通过上表可见，在用汉字转写音同或音近的外来人名时，汉语中习惯使用能够凸显男女性别特征的汉字。在体现女性特征的用字中，有的用字带有体现女性特征的偏旁，如带女字旁的字有“姬、娜、妮、娃、娅”等；带草字头的字有“芭、芙、蕾、莉、莎、薇、茜”等；带王字旁的

字有“琳、玛、琪、珊”等；带雨字头的有“露”等。除此之外，外来女名用字中还存在一种情况，即用字的女性含义是非常凸显、不言自明的，如“丽、丝”等字。通过分析可见，对举型翻译女名用字的性别特征是显性的，或者说是有标记的，而与之对应的男名用字的性别特征则是隐性的、无标记的。

总之，对举型翻译人名用字对男女性别特征的凸显是十分显著的，在具体的人名转写中，二者呈现出一一对应的关系。

B. 单一型翻译人名用字

与上述的对举型翻译人名用字不同，单一型用字只突出体现人名的女性特征或男性特征，在记录外来人名时没有与之对应的音同或音近的男名用字或女名用字。

a. 单一型女名用字

所谓单一型女名用字是指此种类型的汉字只用来记录外来女名，一般不用于外来男名，文字本身体现出显著的女性特征，在使用中没有与之对应的音同或音近的男名用字。如：

蓓：蓓姬 伊莎蓓尔

翠：翠丝特 翠西 碧翠丝 派翠克 派翠西亚 艾丝翠得 菲蕾德翠卡

儿：安东妮儿 百丽儿 黛儿 姬儿 卡洛儿 克莱儿 穆丽儿 佩儿 瑞琪儿 希贝儿

芳：伊芳

佳：葛佳丝塔芙 欧尔佳

咪：艾咪 婕咪

蜜：梅蜜 泰蜜 蜜尔娜 蜜莉恩 蜜妮安 蜜雪莉雅 阿蜜莉 阿蜜莉雅

婷：克莱曼婷

欣：玛可欣

怡：克洛怡 费怡

珍：珍 珍妮芙 珍妮丝 珍妮特

b. 单一型男名用字

单一型男名用字只用来记录外来男名，一般不用于外来女名，在使用中没有与之对应的音同或音近的女名用字。如：

班：班 班杰明 班克罗夫特 班奈特 班尼迪克 班森

鲍：鲍伯 鲍里斯

伯：鲍伯 塔伯 韦尔伯 伯顿 伯尼 伯骑士 伯特 艾伯特 考伯特 鲁伯特 罗伯特 亚伯拉罕 爱格伯特 吉尔伯特 亚希伯恩

宾：宾 鲁宾 罗宾 史宾 富宾恩 罗宾逊 史宾杜 斯宾塞

查：查德 查尔斯 理查德

道：道格拉斯 阿道夫 鲁道夫 伦道夫

帝：哈帝 帝福尼 帝摩斯 摩帝马 史帝夫 史帝文

丁：范伦丁 贾斯丁 马丁 瓦伦丁

顿：阿普顿 埃尔顿 奥斯顿 巴顿 波顿 伯顿 格林顿 昆顿 林顿 摩顿 诺顿 温士顿

哈：哈德斯 哈帝 哈里 哈里森 哈利 哈利雅特 哈伦 哈罗德 哈瑞斯 哈维

考：考伯特 考尔比 考伊斯 史考特

肯：邓肯 肯恩 肯尼迪 肯尼思 肯特 麦尔肯

门：杜鲁门 赛门 所罗门 门罗

生：艾狄生 爱迪生 强纳生

史：史宾 杜史丹 史丹佛 史丹尼 史帝文 史帝夫 史都华德 史考特

士：伯骑士 康那理惟士 托玛士 亚力士 詹姆士 温士顿

托：维托 托拜厄斯 托比 托德 托马斯 托尼 克里斯托弗

韦：韦勃 韦伯斯特 韦恩 韦尔伯 梅德韦杰 马克斯韦尔

泽：西泽 泽维尔 巴泽尔

将单一型女名用字和单一型男名用字进行对比，我们发现，二者在体现性别特征方面存在着差异。单一型女名用字一般是通过汉字本身的意义来体现其女性特征的，“蓓、翠、儿、芳、佳、咪、蜜、婷、欣、怡、珍”等字，在汉族人名中就是经常用于女名的，这些汉字本身的寓意与女性的性别特征密切相关。而单一型男名用字绝大多数则不是通过汉字本身的意义传达男性特征的，“班、鲍、伯、宾、查、道、帝、丁、顿、哈、肯、门、史、士、托、韦、泽”等字的意义与突出男性特征没有直接联系，因这些汉字只用于外来男名中，所以，其间接地起到了凸显男性特征的作用，在汉语中，只要一看到带有这些汉字的外来人名，人们就会马上想到该人名是用来指称男性的。只有少数单一型男名用字是通过汉字本身的意义来体现其男性特征的，在笔者考察的语料范围内，这种类型的用字只有“帝、丁、生”三个。

C. 性别特征显著度的差异

“显著（salience）是知觉心理学的一个基本概念，显著的事物是容易吸引人注意的事物，是容易识别、处理和记忆的事物。”① 显著度（saliency）就是事物吸引人注意、容易被识别、处理和记忆的程度，一般情况下，显著度越高的词语越容易被语言使用者接受并记忆。通过上述的分析，我们可以看出，人名翻译在用字上存在性别差异是客观存在的事实。然而，在具体用字的选择上还呈现出性别特征显著度的差异。性别特征的显著度是指人名翻译用字体现性别特征的程度，这种程度的差异主要表现在使用凸显性别特征用字的数量上。

A 组

a 翠西 黛西 卡洛儿 伊芳 阿芙拉 艾谱莉 艾丽卡 伊莲恩 露比 爱玛 艾咪 泰蜜 安娜 安妮 布兰琪 阿加莎 罗克珊 阿尔娃 艾薇 凯茜 雷娅 克洛怡

b 巴德 艾伯特 查德 哈帝 依夫 哈罗德 基思 肯特 布雷迪 奥布里 艾利克 林恩 奥马伦 赛门 格纳 罗德尼 阿奇尔 艾萨克 山迪 安格斯 托比 阿尔瓦 威尔 希尔保特 诺亚

B 组

a 贝芙丽姬 玛 马丽娜 伊丽莎白 多莉丝 朱莉娅 达莲娜 艾琳娜 璐易丝 玛丽亚 玛德琳 玛可欣 阿蜜莉 蜜妮安 阿娜丝塔西夏 安东妮儿 可妮莉雅 爱葛妮丝 艾丝翠得

b 巴顿 班克罗夫特 韦伯斯特 戴里克 阿道夫 道格拉斯 哈瑞斯 考伯特 奥德里奇 摩里斯 马克斯韦尔 尼克勒斯 史宾杜 史帝文 史考特 温士顿 奥斯顿 亚德里恩 亚尔维斯

① 沈家煊：《转指和转喻》，《当代语言学》1999 年第 1 期。

C组

a 碧翠丝 黛芙妮葛佳丝塔芙 玛莉提丝 瑞琪儿 莎芭丝提安 莎柏琳娜 珍妮芙

b 鲍里斯 伊万诺夫斯基 克里斯托弗 尤里西斯 韦伯斯特

A组翻译人名中只有一个凸显性别特征的用字，B组是具有两个凸显性别特征用字的翻译人名，C组则具有三个凸显性别特征的用字。将这三组翻译人名进行比较，我们发现，其用字的性别特征显著度呈现出由低到高的差别。A组性别显著度较低，数量最多；B组性别显著度较高，数量较A组少了很多；C组性别显著度最高，数量最少。由此可见，翻译人名的性别显著度与其具有的体现性别特征的用字数量成正比，具有体现性别特征的用字数量越多，性别显著度越高；反之，则越低。与此同时，翻译人名的性别显著度与翻译人名的数量又是成反比，性别显著度越高，人名外来词的数量越少；反之，则越多。

通过语料的考察，我们还发现，翻译人名的性别特征是完全可以由一个凸显性别特征的用字来实现的，也就是说，只要在翻译人名中出现一个体现性别特征的用字，我们就能断定这个翻译人名是用来指称男性还是指称女性的。因此，在翻译人名中会存在这样的情况，原本可以出现多个体现性别特征用字的翻译人名，在实际的使用中却只出现了少于应该出现的用字数量。这种情况在翻译女名中表现得最为突出，例如：

阿西娜 奥蒂莉亚 黛西 利昂娜 莉迪亚 莉斯 马丽娜 玛希 玛西亚 妮蒂亚 派翠西亚 普莉斯拉 希拉瑞莉 西格莉德 塞西莉亚 赛薇亚拉 尤妮斯 珍尼丝

上例中因为加点的字已经能够显示女名特征，所以加横线的字都没有使用相应凸显女性特征的汉字。这方面的语言事实体现了翻译人名性别特征用字的经济性和非强制叠加性。

②人名翻译用字性别特征的规范问题

A. 未使用凸显性别特征的汉字

前文已经论述了人名翻译存在用字的性别特征这一客观语言事实，然而，在实际的语言使用中我们发现，有些翻译人名的用字并没有体现人名使用者的性别特征，即女名或男名中没有出现性别特征用字，这就给翻译人名的性别指称造成了障碍，也就影响了汉字指称性别特征的可及度。这种情况我们可以简单地概括为应该使用性别特征汉字而未使用。例如：

安德烈亚 多洛雷斯 多明尼卡 列蒂西雅 伊夫林

这些都是外来女名，但是在这些人名中却没有出现凸显女性特征的用字，其原本应该出现的性别特征用字分别为“娅、丝、妮、茜、芙”，如果出现了这些性别特征用字，我们就能在最短的时间内判断出这些人名的女性归属。

B. 性别特征用字使用的不规范现象

在实际的语言运用中，虽然在翻译人名中出现了凸显性别特征的用字，但是具体使用哪个字、几个字来彰显性别特征却存在不统一、不规范的情况。例如：

Alice 爱丽丝——爱丽斯 爱莉丝
Fidelia 菲蒂莉娅——菲蒂利娅

翻译人名的异形现象是我们语言文字规范的对象，而上例中的异形主要体现在性别特征用字的使用上。同一外来女名 Alice，我们是使用“丽”还是“莉”凸显其女性特征？是使用两个性别特征用字的“丽丝”或“莉丝”，还是使用一个性别特征用字的“丽斯”？外来女名 Fidelia，我们是使用具有两个性别特征用字的“菲蒂莉娅”，还是只使用一个性别特征用字的“菲蒂利娅”？在语言的实际运用中，我们同时使用两种或两种以上的文字形式指称同一语言单位，势必会导致语言形式的累赘和冗余现象的出现，从而在深层上对该语言的社会成员造成应用的障碍。因此，作为从事语言文字工作的人，应该正视上述问题的存在，并结合语言文字运用的实际情况，做出合理的统一和规范。

3. 文学作品中的人名[①]翻译问题

文学作品中的人名作为虚构人名，其与上述的真实人名的翻译有所不同，相对而言更为复杂一些。文学作品中的人名除了专名词语本身所具有的特别指称某个人的指称功能外，往往会涉及作品作者对于作品人物的某些特殊寄予，表达作者某种特殊的含义及思想感情。人名翻译的好坏，直接影响到读者对于作品的阅读和理解，进而从某一个侧面影响到作品价值最大呈现。因此，在不同语际的翻译过程中，文学作品的人名翻译就变成了一个比较复杂而具体的问题。

（1）文学作品中人名翻译的理论依据

如何对文学作品中的人名进行比较恰当的翻译是文学作品翻译中一个重要而不容忽视的问题。在其翻译过程中，应该坚持以苏联著名语言学家费道罗夫（Federov）提出的“对等（equivalence）”翻译理论作为理论依据。英国著名翻译学家巴斯内特（Susan Bassnett）认为，“翻译绝不是纯粹的语言行为，而是植根于有关文化深处的一种行为；翻译就是文化内部和文化之间的交流；翻译对等就是源语与目标语在文化功能上的对等”[②]。奈达（Eugene A. Nida）则更加明确地指出“翻译主要指用最贴切、最自然的等值方式把原语在目标语中再现出来，首先再现其意义，其次再现其风格”[③]。虽然在实际翻译过程中，对于富有一定内涵的文学作品中的人名来说，要想实现完全对等是不可能的，但是译者应该以对等理论作为翻译的理论依据和标准，从而实现最大限度的对等翻译，以达到最大限度呈现原作品人名所体现的某种特殊含义的目的。

（2）文学作品中人名的翻译方法

①音译法

在文学作品中，有些人名就是一般的普通人名，在作品当中并没有什么特殊的含义，这样的人名就采用一般人名翻译的普遍方法——音译法。

---

① 文学作品中的人名有广义和狭义两种理解，狭义的文学作品中的人名只指某部具体的文学作品中作者根据其作品创作出来的虚构人名，而广义的理解则还包括文学作品中出现的真实人名。如果是文学作品中的真实人名一般是按照名从主人和约定俗成原则进行音译的。这里是指狭义的文学作品的人名。

② 谭载喜：《西方翻译简史》（增订版），商务印书馆2004年版，第260页。

③ Nida，Eugene A. & Taber，Charles R.，*The Theory and Practice of Translation*. Shanghai：Shanghai Foreign Language Education Press，2004：10.

例如，鲁迅先生的名作《孔乙己》中主人公“孔乙己”翻译成英语即为“Kong Yiji”；《汤姆叔叔的小屋》中主人公汤姆叔叔的名字“汤姆”音译于英语的“Tom”。

在使用音译法翻译人名时，有时为了体现作品中人名所蕴含的意义，而采用音译加注释的方法。例如，《红楼梦》中“贾雨村”谐音“假语村言”，因此在翻译时，有的翻译家就将其翻译为“Jia Yucun（Homophone for‘false talk’）”；美国小说家菲茨杰拉德的小说《夜色温柔》中名为“Diver”的人物，翻译为汉语时除了音译为“迪沃”外，又注明“落水者”，以此来揭示该人物沉沦的命运。

②意译法

在很多文学作品中，作为作品中人物形象存在的人名，或者能够揭示人物的性格特征，或者能够喻示人物的命运，或者能够昭示作品的主旨内容，因此，为了最大限度实现人名的对等翻译，往往会采用意译法进行翻译。例如，霍克斯在翻译《红楼梦》中贾宝玉送给林黛玉的字“颦颦”时，就采用了意译法，最终翻译为“Frowner”。

③音意合译法

在文学作品人名的翻译中，音译法更能突出源语言的风格特点，意译法则能比较准确地表达人名的内在含义，而音意合译法恰恰综合了二者的优点，成为目前文学作品人名翻译中比较常用的一种方法。例如，风靡世界的美国当代著名魔幻小说《哈利波特》中哈利波特的教父“Sirius Black”就被翻译为“小天狼星·布莱克”，前半部分意译而后半部分音译；当代十分流行的游戏小说《魔兽争霸》中，极富个性的叛逆精灵“Illidan Stormrage”就被采用音意合译的方法翻译为“伊利迪安·风暴之怒”。

（二）网名的翻译

作为网民在网络世界中自由拟定的、标示其身份的区别性符号的网名，其翻译不同于普通人名的翻译。虽然网名是专属于网民的语义上具有特指性的专名词语，但是其除了特指功能之外，还具有较强的审美功能，因此在翻译过程中对其具体词汇意义的呈现是必不可少的。基于以上原因，网名的翻译往往采用意译法。只有通过意译的方式，才能实现不同语际之间网名的对等性，才能体现出网名不同于人名的特殊之处。例如：

拼命的挣扎 Desperate Struggle

繁花 Flowers
温存 Tenderness
冻结的眼泪 Frozen Tears
情人、结束 Lover、Over
遗失的爱 Lost Love

当然，在具体翻译的操作过程中，也要符合“信”“达”“雅”的翻译要求。

二　非生命类专名词语翻译

（一）地名的翻译

地名是专名词语翻译中的另一大类，其在实际翻译中主要涉及的问题有以下几个方面：

1. 翻译方法缺乏统一性

地名翻译大多采用音译法，也有些采用意译法和音意合译法。通常情况，地名的区别性成分使用音译法进行翻译，有通用成分的使用意译法。但是，在实际生活中，我们往往会碰到这样的情况，同一个地名，有的采取音译法，有的采取意译法，有的甚至采取音意合译法，这种“一名数法”“一名数译”的情况着实让我们大伤脑筋。例如，汉语中“松花江”的英语译名就有“Songhua Jiang”“Songhua Jiang River”“Songhua River”；街道名称中“一名数译”的现象更是屡见不鲜，“南马路”的译名有“Nan Ma lu”“Nanma Road”“South Road”；景点地名中“一名数译”的现象更是比比皆是，“卧佛寺”既有完全意译的译名“the Temple of the Reclining Buddha”，也有音译的译名“Wofosi”。这些实际存在的译名混乱现象都是亟待解决和规范的，应引起语言工作者的重视。

2. 不同汉语社会内部译名不一致

与人名的翻译一样，地名的译名也存在大陆与港澳台地区不一致的情况。例如：

表 4－2　　大陆与港澳台地区地名译名对比例表

外语地名	陆译名	台湾译名	香港译名
Dubai	迪拜	杜拜	杜拜

续表

外语地名	陆译名	台湾译名	香港译名
Istanbul	伊斯坦布尔	伊斯坦堡	伊斯坦堡
Kenya	肯尼亚	肯亚	肯雅
New Zealand	新西兰	纽西兰	纽西兰
Niger	尼日尔	尼日	尼日尔
Sydney	悉尼	雪梨	雪梨

（二）电影名的翻译

电影名作为一部影片的名称，通常与该影片所表达的主题有直接的关系，因此往往采用意译法或编译法进行翻译。意译法是根据原电影名的意思进行翻译的方法，例如，姜文指导的《让子弹飞》，英译为“Let the Bullets Fly”；英国影片“The Evil Under the Sun”意译为《阳光下的罪恶》。编译法则是根据影片的内容而另外进行命名的翻译方法。例如，《南征北战》的英语译名为“From Victory to Victory”，就是根据影片的内容所进行的重新命名；美国影片“North by Northwest”如果意译为汉语则是《西北偏北》，这个译名远没有采用编译法而得到的译名《谍海疑云》更能突出间谍片的风格特点。总的来说，对于电影名的翻译，应在对等理论的指导下，最终达到译名“信”“达”“雅”这三方面的要求。

电影名在实际翻译中主要涉及以下几方面的问题：

1. 由于文化背景、社会状况的差异导致译名的不准确

电影本身蕴含了丰富的文化内容，不同的社会状况和历史背景会导致不同语言的社会成员对于电影名理解的偏差，从而直接影响到电影名译名的准确性。例如，电影名“First Wives Club”，有的人把其翻译为《大老婆俱乐部》，中国观众对于这个译名的正常理解是这个俱乐部里的人都是男人们的第一个妻子，进而会联想到该影片所反映的国家的婚姻制度一定是一夫多妻制的，但事实上该电影却是反映丈夫的第一任妻子的故事，引起误解的根源就在于不同语言社会的人对于“first wife”的不同理解。

2. 由于对影片理解的欠缺导致译名的不恰当

“对于电影名来说，不要急于翻译，要深入了解整片的内容、故事情

节以及所表现的内涵，这样才能作出准确的翻译。”① 如果在翻译电影名时，没有深入影片的内容，而是简单机械地进行影片名的直译，很可能造成译名不准确、恰当的情况。例如，美国影片“American Beauty”如果进行简单对译的话，翻译成汉语为《美国丽人》，中国观众如果仅仅看到这个片名的话，会认为这是一部讲述美国美女故事的影片，而事实却与此相反，该影片却反映的是一个中年男子的黑色幽默。

3. 不同汉语社会内部译名不一致

电影名的翻译中仍然存在大陆与港澳台地区不一致的情况。例如：

表 4－3　　大陆与港澳台地区电影译名对比例表

外语电影名	大陆译名	台湾译名	香港译名
A Bridge Too Far	遥远的桥	英雄冢	夺桥遗恨
Saving Private Ryan	拯救大兵瑞恩	拯救雷恩大兵	雷霆救兵
Original Sin	原罪	枕边陷阱	激情叛侣
Alien Vs Predater	异形大战铁血战士	异形战场	禽兽大乱斗

① Peter Newmark, *A Textbook of Translation*, Shanghai: Shanghai Foreign Language Education Press, 2001: 266.

第五章

专名词语的词典收录

第一节　专名词语与词典编纂

一　专名词典的分类

专名词典是以各类专名词语为收录对象的工具书。在词典的分类体系中，专名词典属于专科词典的下位分类。“对于专科词典，可以从不同的角度去分类。相对而言更加重要的分类，是按专科词典所收词目的类型将其分为学科词典、专题词典、术语词典和专名词典。”① 如果以收录内容为标准进行划分，从大的分类系统来看，专名词典隶属的专科类词典又与百科类词典和语文类词典是属于同一个层级的。

根据专名词典收录内容的不同可以把专名词典分为综合型专名词典和单一型专名词典两种类型。

（一）综合型专名词典

综合型专名词典是以各种专名词语为收录对象的专名词典。其收词范围包括各类专名词语，如人名、地名、书名、历史事件名、民族名、组织机构名、朝代名等。由于专名词语的数量十分庞大，因此，目前出版的专名词典均以常见、常用专名词语为收录对象，而且这样的专名词典大多数是双语的，例如：

《英汉专名词典》（靳平妥主编，外语教学与研究出版社，1990年1月）

---

① 徐庆凯：《专科词典的类型》，《辞书研究》2005年第4期。

《英汉百科专名词典》（赵苏苏主编，商务印书馆，2008 年 12 月）

《英汉人物、地名、事件词典》（靳平妥主编，外语教学与研究出版社，1991 年 5 月）

《日汉常用专名词典》（周敏西主编，商务印书馆，2010 年 2 月）

《法汉汉法专名词典》（钱志安编著，武汉大学出版社，2000 年 3 月）

《近代中国专名翻译词典》（黄光裕编，四川人民出版社，2001 年 12 月）

其中，《英汉专名词典》收录专名词语 11000 余条，主要包括人名、地名、事件名（包括著名国际事件、会议、条约、组织等）；《英汉百科专名词典》既是一部简明小百科，又是一部实用的专名翻译工具书，收录专名词语 50000 余条，涉及各类专名词语；《日汉常用专名词典》共收录各国常见专名词语 8900 条，另收了一部分中国专名词语，其涉及内容主要包括人名、地名、国际组织机构名、世界主要体育赛事名、世界主要电影节名等；《法汉汉法专名词典》是一部法汉双向对照的、收集各类常用专名的综合性专名词典，共收常用专名词语约 6500 条；《近代中国专名翻译词典》收录人名、地名、机构团体名、书名、报纸杂志名等共 60000 余条，是一部有关近代中国专名翻译的实用工具书。

（二）单一型专名词典

单一型专名词典是指以某一类专名词语为收录对象的专名词典，如，只收人名的人名词典，只收地名的地名词典，只收书名的书名词典等。

1. 人名词典

人名词典是以专名词语中的人名为收录对象的专名词典。我国的人名词典编纂历史悠久，早在南北朝的梁元帝时期，就出现了我国最早的一部人名词典——《同姓名录》。由于人名的范围可大可小、人名既可以是真实的又可以是虚构的，因此，目前所见的人名词典种类繁多、数量庞大。例如：

涉及范围比较大、收录人名比较全的：

《中国人名大辞典》（臧励龢主编，商务印书馆，1921 年 6 月）

《中国历代人名辞典》（邱树森主编，江西教育出版社，1989 年 3 月）

《世界人名大辞典》（潘念之、金溟若编译，世界书局，1936 年）

《古今同姓名大辞典》（彭作祚辑著，上海古籍书店，1983 年 10 月）

《中外人名辞典》（刘炳藜主编，中华书局，1947 年 8 月）

《现代外国人名大辞典》（唐敬杲主编，商务印书馆，1939 年 6 月）

《常用英美人名词典》（宋兰臣等主编，河北教育出版社，2001 年 11 月）

某一行业或领域的：

《中国音乐舞蹈戏曲人名词典》（曹惆生主编，商务印书馆，1959 年 1 月）

《中国佛教人名大辞典》（震华法师遗稿，上海辞书出版社，2002 年 3 月）

《中国美术家人名辞典》（于建华编，上海书画出版社，1981 年 1 月）

《中华诗词学会人名词典》（欧阳希君、高勇主编，中国国际广播出版社，1995 年 12 月）

《中国林业人名词典》（李中选主编，中国林业出版社，1990 年 9 月）

《中国出版人名词典》（中国出版科学研究所、河北省新闻出版局编，中国书籍出版社，1989 年 12 月）

《中国武术人名辞典》（昌沧、周荔裳主编，人民体育出版社，1994 年 4 月）

《中医人名辞典》（李云主编，国际文化出版公司，1988 年 1 月）

《唐宋画家人名辞典》（朱铸禹主编，中国古典艺术出版社，

1958年12月）

《山东社会科学人名词典》（梁自洁主编，山东人名出版社，1990年10月）

其他：

《中国近现代人物别名词典》（徐为民主编，沈阳出版社，1993年）

《中国近现代人物名号大辞典》（陈玉堂编纂，浙江古籍出版社，2005年1月）

《中国人名异称大辞典》（尚恒元、孙安邦主编，山西人民出版社，2002年10月）

此外，也存在专收虚构人名的词典，如《电影人名词典》《文学著作角色人名词典》《圣经人名词典》等。

2. 地名词典

地名词典是以各类地名为收录对象的专名词典。由于地名本身的范围比较宽泛，因此，地名词典的种类也是多种多样的。例如：

某一范围内的各类地名词典：

《中华人民共和国地名大词典》（崔乃夫主编，商务印书馆，1998年1月）

《中国古今地名大词典》（戴均良等主编，上海辞书出版社，2005年7月）

《中国历史地名大辞典》（史为乐主编，中国社会科学出版社，2005年3月）

《世界历史地名辞典》（孙文范主编，吉林文史出版社，1990年6月）

《世界地名词典》（中国科学院地理研究所等编，上海辞书出版社，1981年1月）

《苏联地名词典》（张寰海主编，黑龙江人民出版社，1984年4月）

《日本地名词典》（付昌文主编，上海译文出版社，1992 年 8 月）

《西域地名词典》（冯志文等主编，新疆人民出版社，2002 年 10 月）

《浙江古今地名词典》（陈桥驿主编，浙江教育出版社，1991 年 9 月）

《香港地名词典》（樊桂英等主编，中国社会出版社，1999 年 7 月）

《中国古诗词地名词典》（魏嵩山主编，江西教育出版社，1989 年 4 月）

某一特定类型的地名词典：

《中国名胜词典》（文化部文化局主编，上海辞书出版社，1981 年 10 月）

《中国水名词典》（牛汝辰主编，哈尔滨地图出版社，1995 年 3 月）

《外国山名辞典》（吉沢一郎等主编，三省堂，1984 年 8 月）

《世界名胜词典》（新华社国际资料编辑组编，新华出版社，1986 年 4 月）

除了人名、地名这两大类专名词典之外，单一型专名词典还包括书名词典，如《丛书大辞典》（杨家骆编著，1936 年）、《古籍书名辞典》（王杏根等主编，学林出版社，1993 年 1 月）、《中国书名释义大辞典》（赵传仁主编，山东友谊出版社，2008 年 7 月）；政党名词典，如《中国政党辞典》（宋春、朱建华主编，吉林文史出版社 1988 年 1 月）；历史事件名词典，如《国际共产主义运动史辞典》（姜琦主编，吉林人民出版社，1998 年 8 月）；乐曲名词典，如《外国音乐曲名词典》（郑显全编著，上海辞书出版社，1982 年 12 月）。此外，还有汽车车名词典、商标名词典、机构词典等。

二 综合性词典的专名收录

综合性词典是指兼收普通词语和各学科专门词语的工具书。该类词典是“兼具详解语文词典和百科辞典的功能的辞典”，其是“综合语文词典和专科辞典双重特点的辞典”。[1]

综合性词典既汇集了各学科的术语和概念，同时也包括一般的普通词语。从收词对象上来看，充分体现了综合性的特征。这种综合性的特征，对于词典的编纂来说，就具体地分化为百科性和语文性的双重特点。专名词语作为词汇系统中比较特殊的一个类聚，能够成为除了专名词典之外的其他辞书的收录对象，更多的是由其知识性内容决定的。从某种意义上说，专名词语是属于社会文化知识的一部分。“完整地记录民族共同语的词汇体系，不但对维护民族共同语的纯洁与健康有重要意义，而且对研究语言的历史发展具有特殊重要性。”[2] 而综合性词典所具有的百科性特点，恰好与反映和介绍专名词语的知识内容相吻合，从而使得综合性词典大量收录专名词语成为必然。与一般的语文词典相比较，综合性词典收录专名词语的数量是比较庞大的，只要是比较重要的专名词语，都在收录之列。

作为我国最大的兼有语文词典和百科词典功能的大型综合性词典——《辞海》[3]，就收录了大量的专名词语。其收录的专名词语包括各种类型，有人名（“阿波罗”“阿罗约·德尔里奥”）、地名（行政区划名——“阿坝藏族羌族自治州”“阿克苏市”；山名——“阿尔卑斯山脉”“阿贡火山”；水名——“阿尔山温泉”“阿拉弗拉海”“阿姆河”“安赫尔瀑布”“北冰洋”；岛屿名——“巴尔干半岛”“背风群岛”；高原名——“巴塔哥尼亚高原”“安纳托利亚高原”；名胜古迹名——“阿巴坎宫殿遗址”“班夫国家公园”等）、国名（“阿尔巴尼亚”“阿拉伯联合酋长国”）、机构名（“阿尔坎铝有限公司”“阿哈伊亚同盟”“阿拉伯复兴社会党”“阿尔及利亚民族解放阵线”“爱资哈尔大学”）、事件名（“阿富汗抗英战争”“阿古柏事件”“阿萨姆大地震”）、宗教名（“八卦教”“部派佛教”）、民族名（“阿昌族”“朝鲜族”）、会议名（“巴拿马大会”“巴黎和会”）、人种名（“阿埃塔人”“阿布哈兹人”）、朝代名（“阿拔斯王朝”“阿尔穆瓦希德王朝”）、著作名（《阿伽门农》《安娜·卡列尼娜》）、

---

① 杨祖希：《综合性辞典研究》，《辞书研究》1988 年第 5 期。

② 晁继周、单耀海、韩敬体：《关于规范型词典的收词问题》，《现代汉语词典学术研讨会论文集》，商务印书馆 1996 年版，第 71 页。

③ 自 1936 年出版发行至今，历经数次修订，到 2010 年出版的夏征农、陈至立主编的第六版，已经成为当代中国唯一的极具权威的大型综合性词典。

乐曲名（《阿拉木罕》《八路军进行曲》）、报刊名（《澳门日报》《纽约时报》）、协议名（《巴黎和约》《波茨坦公告》）、场站名（“巴黎戴高乐航空港”）、星座名（“半人马座”）……

《新时代英汉大词典》（张柏然主编，商务印书馆，2010 年 4 月）是一部大型的综合性双语词典，共收词语 150000 余条，其中也收录了大量的专名词语。主要包括，人名（“柏拉图”）、地名（“琉球群岛”“黄石国家公园”“埃菲尔铁塔”）、事件名（“皖南事变”）、机构名（“国际原子能机构”“美国运通公司”）、节日名（“教师节”）、著作名（《水浒传》）、名曲名（《马赛曲》）、商标名（“百事可乐”）……

另外还有一点值得我们注意，综合性词典在对专名词语的释义方面与专名词典会略有不同。总的来说，专名词典对于专名词语的解说和介绍要比综合性词典详尽得多。例如，对于“长江”这个专有名词，《辞海》用了三百七十余字对其进行了比较精练的概括性介绍，而《中国地名大辞典》则洋洋洒洒地用了一千七百余字，对长江的历史、现状等各个方面进行了详细的解说。又如“长城”一词，《中国地名大辞典》除了说明长城的地理位置、特征、作用之外，还介绍了长城的历史变迁，释义长度达到二千四百六十余字，而《辞海》却仅仅使用了五百八十余字。通过两组数据的对比不难看出，综合性词典虽然与专名词典一样都以专名词语为收录对象，但是由于二者的辞书性质不同，从而导致其在释义方面显示出一定的差别。

三 语文类词典的专名收录

语文类词典是指以一般的普通词语作为收录对象的工具书。该类词典“收列普通词语，给出语词性释义的词典。有的也兼收部分已进入常用词汇的专门语词”①。可见，语文类词典更侧重于对词的形、音、义和用法加以全面的解释和描述。专名词语作为社会文化知识的一部分，要想无条件地进入语文类词典是绝对不可能的。与综合性词典或百科类词典相比，语文类词典收录的专名词语是非常有限的。

首先，收录专名词语的数量多少会依语文类词典的不同规模而有所区别。一般情况下，现代中小型的语文类词典会收录少量的常见、常用的专

① 《辞书编纂基本术语》（GB/T 15238—2000），中国标准出版社 2004 年版。

名词语；而大型的语文类词典收录专名词语的数量会因其规模的增大而要比前者多一些。

其次，收录专名词语的种类会因语文类词典的不同性质而有所不同。对于现代的规范性的语文类词典来说，通常最容易收录的是朝代名、民族名、节日名。原因在于朝代名对于一个国家和民族来说，是可以有限列举的，这样的专名词语的数量是极其有限的；收录的民族名也是有限制的，往往仅限于该国家现阶段存在的所有民族，这些民族也是很容易有限列举的；节日名的收录情况是基本相同的，仅限于那些极其重要的节日。此外，有的还可能收录极少数的人名和地名。能够进入语文类词典的人名往往是我们前文所论述的那些处于专名词语中间层的专名词语，这些专名词语除了具有特指某人的意义外，还具有一般的普通词语的泛指意义，正因为泛指意义的存在，使它们就顺理成章地获得了进入语文类词典的资格。少数地名也是属于这种情况，地名进入语文类词典的另一种情况是该地名所用的文字符号是比较生僻的，语文类词典为了达到解释形、音、义目的，而将其收录进来。另外，对于该词典所属的国家来说非常重要的团体机构名和历史事件名也可能成为语文类词典的收录对象。如果语文类词典是属于历时性的，那么其收录的专名词语会因为时间的关系，相应地变得更加宽泛，将会涵盖历史上曾经出现和使用的重要的专名词语。

第二节　《现代汉语词典》专名词语收录

一　《现代汉语词典》第6版专名词语收录的量性分析

《现代汉语词典》是我国第一部规范型语文类现代汉语词典，“是确定词汇规范、为推广普通话和促进汉语规范化服务的中型语文性词典”①，具有很高的权威性和科学性。本节将以《现代汉语词典》第6版②（以下简称《现汉6》）为考察对象，研究规范型语文类共时词典专名词语的收录情况。

① 韩敬体：《现代汉语词典修订工作概述》，《辞书研究》1997年第1期。

② 现代中国社会科学院语言研究所词典编辑室：《现代汉语词典》，商务印书馆2012年版。

（一）关于《现汉6》专名词语的数量统计

按照常理说，对词典中的某类词语进行统计是一项比较简单的工作，即按照确定该类词语的标准进行计数，凡属于该类词语的都计算在内，统计过程基本等同于计算数量的过程。但笔者在对《现汉6》中的专名词语进行统计时发现，问题远未如此简单。概括起来，《现汉6》中的专名词语存在以下几种情形：

1. 以多字条目出现，即出现在单字条目下面的【 】内。

《现汉6》凡例中指出：本词典所收条目分单字条目和多字条目。单字条目用比较大的字体，多字条目按第一个字分列于领头的单字条目之下。在现代汉语中，专名词语作为一种词汇类聚，多字的情况是最为常见的，因此出现在此处的专名词语最有资格成为统计的对象。例如：

【白骨精】Báigǔjīng 名神话小说《西游记》中一个阴险狡诈善于伪装变化的女妖精。常用来比喻善于伪装的极为阴险毒辣的女人。

【白宫】Bái Gōng 名美国总统的官邸，在华盛顿，是一座白色的建筑物。常用作美国官方的代称。

【雷池】Léichí 名古水名，在今安徽望江。东晋时庾亮写给温峤的信里有“足下无过雷池一步”的话，是叫温峤不要越过雷池到京城（今南京）来（见于《晋书·庾亮传》）。现在只用于“不敢越雷池一步”这个成语中，比喻不敢越出一定的范围。

【白莲教】Báiliánjiào 名一种民间宗教，因依托佛教的一个宗派白莲宗而得名。元、明、清三代在民间流行，农民军往往借白莲教的名义起事。

【乌孜别克族】Wūzībiékèzú 名我国少数民族之一，分别在新疆。

【山顶洞人】Shāndǐngdòngrén 名古代人类的一种，生活在旧石器时代晚期，距今约一万八千年。化石在1933年发现于北京西南周口店龙骨山山顶洞中。

【世界贸易组织】Shìjiè Màoyì Zǔzhī 世界性的贸易组织。主要职责是规范、协调、促进世界范围内的贸易活动，消除关贸壁垒，降低关税，处理贸易纠纷等。1995年1月1日成立，总部设在日内瓦。其前身是关税与贸易总协定。

【八一建军节】Bā－yī Jiànjūn Jié 中国人民解放军建军的节日。

1927 年 8 月 1 日，中国共产党领导了南昌起义，从此建立了中国人民的革命军队。

【第一次国内革命战争】Dì Yī Cì Guónèi Gémìng Zhànzhēng 1924—1927 年中国人民反对帝国主义、封建军阀的革命战争。1923 年中国共产党确立了与中国国民党建立革命统一战线的方针。1924 年孙中山确定了联俄、联共、扶助农工三大政策，改组国民党，创建了共产党参与领导的黄埔军校，组建了革命军队即国民革命军。1926 年国民革命军从广东出师北伐，很快发展到长江流域。全国的工人和农民革命运动迅猛发展。1927 年国民党右派勾结帝国主义在上海和武汉发动反革命政变，第一次国内革命战争失败。

【天方夜谭】Tiānfāng yè tán 阿拉伯古代民间故事集，又名《一千零一夜》，内容富于神话色彩。后多用来比喻虚妄荒诞的言论：他刚才说的简直就是～！

以此种方式收录的专名词语与一般的普通词语的收录方式是基本相同的，词条后面有注音及词语的释义。细微的区别表现在，与一般的普通词语相比较，只有极少数的专名词语的释义后面才会出现例证，以显示专名词语的出现语境。究其原因恐怕在于只有获得了一般的普通词语的泛指意义的中间层专名词语才需要提供一定的语境，以说明其意义和用法。其他没有获得泛指意义的基础层和扩展层专名词语，词典的功能和作用只在于说明专名词语的所指对象及其基本知识概况，是不需要辅以例证进行补充说明的。

2. 以单字条目出现，单字条目的释义就是专名词语的释义。例如：

鲧 Gǔn 古人名，传说是禹的父亲。

桀 Jié 夏朝末代君王，即癸，相传是个暴君。

虢 Guó ❶周朝国名。西虢在今陕西宝鸡东，后来迁到河南陕县东南。东虢在今河南郑州西北。北虢在今很陕县、陕西平陆一带。❷名姓。

镐 Hào 周朝初年的国都，在今陕西西安西南。

灊 Qián 古地名，在今安徽霍山东北。

酂 Zàn 古地名，在今湖北老河口一带。

猱 Náo 古山名，在今山东临淄一带。

僰 Bó 我国古代称居住在西南地区的某一少数民族。

这些单字的专有名词通常是古代汉语中的人名、地名等专名词语。此种情况出现的专名词语是《现汉 6》收录最少的，数量为 174 个，占《现汉 6》专名词语总量的 12.8%。

3. 出现在单字条目的后面，表现为包含该单字条目的多音形式。例如：

嫘 léi 嫘祖（Léizǔ），传说中黄帝的妻子，发明养蚕。

佺 quán 偓佺（Wòquán），古代传说中的仙人。

陶 yáo 皋陶（Gāoyáo），上古人名。

㟧 bā 畚㟧屯（Hǎbātún），地名，在北京。

澶 chán 澶渊（Chányuān），古地名，在今河南濮阳西南。

酂 cuó 酂城（Cuóchéng），地名，在河南永城。

堽 gāng 堽城屯（Gāngchéngtún），地名，在山东。

炯 tóng 炯炀河（Tóngyáng Hé），水名，炯炀镇（Tóngyáng Zhèn），地名，都在安徽。

瀍 chán 瀍河（Chánhé），水名，在河南。

嵝 lóu 岣嵝（Gǒulóu），山名，衡山主峰，也指衡山，在湖南。

峇 bā 峇厘（Bālí），印度尼西亚岛名。今作巴厘。

靺 mò [靺鞨]（Mòhé）名我国古代东北方的民族。

此种形式出现的专名词语大多是因其中的生僻字而收录的。在现代汉语中，这些生僻的单字只出现在人名、地名等专名词语中，为了解释这些生僻字，而把包含它们的专名词语收录到词典中。据笔者统计，该种情形的专名词语为 475 个，是《现汉 6》中位居第二仅次于第一种情形的专名词语，约占《现汉 6》专名词语总量的 34.95%。

4. 出现在单字条目释义后的例证中。例如：

岙 ào 浙江、福建等沿海一带称山间平地（多用于地名）：珠～｜薛～（都在浙江）。

岜 bā 地名用字：～山（在山东）｜～谋（在广西）。

塝 bàng <方> 田边土坡；沟渠或土埂的边（多用于地名）：张家～（在湖北）。

垌 dòng <方> 田地（多用于地名）：麻～（在广西｜）儒～（在广东）。

磡 kàn <方> 山崖（多用于地名）：～头（在安徽）｜槐花～（在浙江）。

圐 kū［圐圙］(kūlüè) 名蒙语指围起来的草场，现多用于村镇名称：马家～（在内蒙古）。也译作库伦。

夼 kuǎng <方> 名两山之间的谷地；洼地（多用于地名）：大～｜刘家～｜马草～（都在山东）。

堖 nǎo <方> 名山岗、丘陵较平的顶部（多用于地名）：削～填沟｜南～（地名，在山西）｜沙洲～（地名，在湖南）。

浦 pǔ ❶水边或河流入海的地方（多用于地名）：乍～（在浙江）｜～口（在江苏）。❷(Pǔ) 名姓。

箐 qìng <方> 山间的大竹林，泛指树木丛生的山谷（多用于地名）：梅子～（在云南）｜龙家～（在贵州）。

严格意义上讲，此种情形出现的专名词语不应算作词典的收条，因为它们都是出现在例证当中的。但是，如果深入分析我们会发现，出现在例证中的专名词语又与一般的普通词语在词典例证中的呈现有所不同，其表现形式和所起作用是不尽相同的。出现在例证中的专名词语是具有解释性的，所举的地名都会在括号中指出其所在省份。而一般的普通词语在例证中的出现只是用来进一步明确该词语的具体用法，以便于对词语意义的理解。所以，我们仍然把出现在例证中的专名词语作为我们考察的对象。在例证中出现的专名词语的数量是比较少的，共有 181 个，占《现汉 6》专名词语总量的 14.32%。

如果把以上几种情况下出现的专名词语都包括在内，据笔者初步统计，《现汉 6》共收录各类专名词语 1359 个，占该词典收词总量的 1.97%。

（二）《现汉 6》各种类型专名词语的分类统计

1. 人名

《现汉 6》共收人名 122 个，占《现汉 6》专名词语总量的 8.98%。

其中真实人名有 31 个，占人名总数的 25.41%，例如：阿斗、嫪毐、包公、妲己、颜阖、刘炟、诸葛亮、冒顿、胶鬲、桀、纣、李悝、老聃、郦食其、慕容皝等。虚构人名有 91 个，占人名总数的 74.59%，例如：阿Q、白骨精、嫦娥、姮娥、东郭先生、佛陀、观世音、红娘、雷公、李逵、龙王、马利亚 、哪吒、上帝、圣诞老人、武松等。

为什么《现汉 6》只收录了这些人名？具备什么资格的人名才能进入到《现汉 6》呢？通过分析可见，《现汉 6》收录的人名综合起来包括三种情况：

第一种情况是，处于专名词语中间层获得一般普通词语的泛指意义的人名能够成为《现汉 6》的收录对象。例如：

【诸葛亮】Zhūgě Liàng 名三国时蜀汉政治家，字孔明，辅佐刘备建立蜀汉。《三国演义》对他的智谋多所渲染，一般用来称足智多谋的人。

【红娘】Hóngniáng 名《西厢记》中崔莺莺的侍女，促成了莺莺和张生的结合。后来用作媒人的代称。

【西施】Xīshī 名春秋时越王勾践献给吴王夫差的美女。后来把西施当做美女的代称。也叫西子。

【陈世美】Chén Shìměi 名戏曲《铡美案》中的人物，考中状元后喜新厌旧，被招为驸马而抛弃结发妻子，后被包公处死。用来指地位提高而变心的丈夫，也泛指在情爱上见异思迁的男子。

【犹大】Yóudà 名据基督教《新约·马太福音》的记载，是受了三十块银币出卖自己老师耶稣的叛徒，一般用做叛徒的代称。

【回禄】Huílù <书>名传说中的火神名，多借指火灾：~之灾｜惨遭~。

【包公】Bāogōng 名包拯（zhěng），北宋时进士，曾任开封府知府，以执法严正著称。民间关于他断案的传说很多，尊称他为包公或包青天。小说戏曲中把他描写成刚正严明、不畏权势的清官的典型。

【武松】Wǔ Sōng 名《水浒传》中人物之一，勇武有力，曾徒手打死猛虎，一般把他当做英雄好汉的典型。

以上这些人名之所以能够进入《现汉 6》，是因为这些人名除了特指某人的专指意义之外，还获得了一般普通词语的泛指意义。泛指意义的获得使这些人名具有了进入规范型语文类词典的资格。

第二种情况是，中外十分重要的神话传说、宗教故事中的人物。例如：

【伏羲】Fúxī 名我国古代传说中的认为。传说他是教民结网，从事渔猎畜牧。也叫庖牺。

【观世音】Guānshìyīn 名佛教菩萨之一，佛教徒认为是救苦救难之神。也叫观自在、观音大士。俗称观音。

【雷公】Léigōng 名神话中管打雷的神。

【龙王】Lóngwáng 名神话中在水里统领水族的王，掌管兴云降雨。迷信的人向龙王求雨。

【圣诞老人】Shèngdàn Lǎorén 西方童话故事人物，据说是一个穿红袍的白须老人，在圣诞节夜到各家分送礼物给儿童。西方各国在圣诞节晚上有扮成圣诞老人分送礼物给儿童的风俗。

【夏娃】Xiàwá 名《圣经》故事中人类始祖亚当的妻子。[希伯来 Hawwāh]

【耶和华】Yēhéhuá 名希伯来人信奉的犹太教中最高的神。基督教《旧约》中用作上帝的同义词。[希伯来 Yěhōwāh]

第三种情况是，含有生僻字的人名。人名中包含在现代汉语中只出现在人名当中的生僻字，为了解释该生僻字，而收录了包含该生僻字的人名。例如：

斶 chù 用于人名，颜斶，战国是齐国人。

聃 dān 用于人名，老聃，古代哲学家。

冒 mò 冒顿（Mòdú），汉初匈奴族一个单于（chányú）的名字。

皝 huàng 用于人名，慕容皝，东晋初年鲜卑族的首领，建立前燕国。

其 jī 用于人名，郦食其（Lì Yìjī），汉朝人。

偓 wò 偓佺（Wòquán），古代传说中的仙人。

肸 xī 多用于人名。羊舌肸，春秋时晋国大夫。

卨 xiè 用于人名，万俟（Mòqí）卨，宋代人。

陶 yáo 皋陶（Gāoyáo），上古人名。

除了人名之外，《现汉 6》还收录了相当数量的姓氏条目。据笔者的初步统计，《现汉 6》共收录姓氏 1961 个。其中双音姓氏 38 个，占所统计姓氏的 1.94%，其余 98.06% 的都是单音姓氏。

2. 地名

据初步统计，《现汉 6》共收录地名 730 个，占《现汉 6》专名词语总量的 53.72%，是各类专名词语中数量最多的。《现汉 6》收录的地名包括以下四种情况：

①获得泛指意义的地名。例如：

【白宫】Bái Gōng 名美国总统的官邸，在华盛顿，是一座白色的建筑物。常用作美国官方的代称。

【长城】Chángchéng 名❶我国古代伟大的军事性防御工程。始建于战国时期，秦始皇统一中国后，连接原先秦、赵、燕北面的城墙并加以增筑，通称万里长城。后代多有增建或整修。现存明代长城全长一万三千四百华里。❷比喻坚强雄厚的力量、不可逾越的屏障等：中国人民解放军是保卫祖国的钢铁～。

【慕尼黑】Mùníhēi 名德国南部城市。1938 年英、法、德、意四国首脑在这里举行会议，签订了慕尼黑协定，英法以出卖捷克斯洛伐克向德国求得妥协。后来用“慕尼黑”指外交上牺牲别国利益而与对方妥协的阴谋。[德 München，英 Munich]

【梨园】Líyuán 名据说唐玄宗曾教乐工、宫女在“梨园”演习音乐舞蹈，后来沿用梨园为戏院或戏曲界的别称：～世家。

【五角大楼】Wǔjiǎo Dàlóu 美国国防部的办公大楼，外形为五角形，常用作美国国防部的代称。

【雷池】Léichí 名古水名，在今安徽望江。东晋时庾亮写给温峤的信里有“足下无过雷池一步”的话，是叫温峤不要越过雷池到京城（今南京）来（见于《晋书·庾亮传》）。现在只用于“不敢越雷池一步”这个成语中，比喻不敢越出一定的范围。

【鸿沟】Hónggōu 名古代运河，在今河南境内，楚汉相争时是两军对峙的临时分界，比喻明显的界线：我们之间并不存在不可逾越的～。

【泰山】名❶(Tàishān) 古人以泰山（山名，在山东）为高山的代表，常用来比喻敬仰的人和重大的、有价值的事物：～北斗｜重于～｜有眼不识～。

②包含生僻字的地名。《现汉6》收录的地名以此种情况最多，例如：

奤 bā 畲奤屯（Hǎbātún），地名，在北京。

澉 gàn 澉浦（Gànpǔ），地名，在浙江。

垕 hòu 神垕（Shénhòu），地名，在河南。

亹 mén 亹源（Ményuán），地名，在青海。今作门源。

巂 xī 越巂（Yuèxī），地名，在四川。今作越西。

滈 Hào 滈河，水名，在陕西。

萑 huán 萑苻泽（Huánfú zé），春秋时郑国泽名。据记载，那里常有盗贼聚集出没。

嵖 chá 嵖岈（Cháyá），山名，在河南。

岘 Xiàn 岘山，山名，在湖北。

③地理学中一些重要的区域地名。例如：

【关东】Guāndōng 名指山海关以东一带地区，泛指东北各省：闯～。也叫关外。

【华北】Huáběi 名指我国北部地区，包括河北、山西、北京、天津和内蒙古中部。

【淮南】Huáinán 名指淮河以南、长江以北的地区，特指安徽的中部。

【江东】Jiāngdōng 名长江在芜湖、南京之间为西南、东北走向，古代是南北往来主要渡口所在的江段，习惯上称自此以下的南岸地区为江东。也指三国时吴国孙权统治下的全部地区。

【口北】Kǒuběi 名长城以北的地方，主要指张家口以北的河北省北部和内蒙古自治区中部。也叫口外。

【岭南】Lǐngnán 名指五岭以南的地区，就是广东、广西一带。

【南欧】Nán Ōu 名欧洲南部，包括罗马尼亚、保加利亚、塞尔维亚和黑山、斯洛文尼亚、克罗地亚、波斯尼亚和黑塞哥维那、马其顿、阿尔巴尼亚、希腊、意大利、梵蒂冈、圣马力诺、马耳他、西班牙、安道尔和葡萄牙等国。

【西非】Xīfēi 名非洲西部，包括毛里塔尼亚、马里、塞内加尔、冈比亚、布基纳法索、几内亚比绍、塞拉利昂、佛得角、利比里亚、科特迪瓦、加纳、多哥、贝宁、尼日尔、尼日利亚以及加那利群岛、西撒哈拉等。

【中东】Zhōngdōng 名泛指欧、亚、非三洲连接地区。欧洲人称离西欧较远的东方地区为中东，较近的为近东。近东和中东没有明确的界线。包括伊朗、巴勒斯坦、以色列、叙利亚、伊拉克、约旦、黎巴嫩、也门、沙特阿拉伯、阿拉伯联合酋长国、阿曼、科威特、卡塔尔、巴林、土耳其、塞浦路斯和埃及等国。

④地名的别称、简称。例如：

并 Bīng 名山西太原的别称。

楚 Chǔ ❷名指湖北和湖南，特指湖北。

岱 Dài 名❶泰山的别称。也叫岱宗、岱岳。

沽 Gū 名天津的别称。

桂 Guì ❷名广西的别称。

穗 Suì 名❶广东广州的别称。

邕 Yōng ❷名广西南宁的别称。

筑 Zhù（旧读 Zhú）名❶贵州贵阳的别称。

3. 其他类型

除了人名、地名外，《现汉 6》还收录了一定数量的民族名、国名、朝代名、节日名、历史事件名、星名（星座名）、组织机构名、年号、种族（人种）名、宗教名、著作名等各种类型的专名词语。其统计数据如表 5－1 所示。

表 5－1　《现汉 6》其他类型（除人名、地名）专名词语统计表

专名词语的类型	举例	《现汉 6》中的统计数量（个）	占《现汉 6》专名总量的百分比（%）
民族名	阿昌族、布朗族	86	6.33
朝代名	高句丽、燕、赵	58	4.27
组织机构名	北魏、后唐	57	4.19
国名	重阳、国际儿童节	56	4.12
节日名	黄巾起义、二战	48	3.53
历史事件名	北斗星、双子座	45	3.31
星名、星座名	联合国、工农联盟	35	2.58
年号	贞观、康熙	31	2.28
种族、人种名	阿拉伯人、犹太人	28	2.06
宗教名	佛教、天主教	24	1.77
著作名	春秋、天方夜谭	16	1.18
其他	良渚文化、旧石器时代、世界语	23	1.69

二　《现代汉语词典》第 6 版专名词语收录存在的问题

在对《现汉 6》的专名词语进行量性分析的过程中，笔者发现作为一部规范型语文词典，其并不是完美无缺的，涉及专名词语的问题主要集中在以下几个方面：

（一）关于专名词语的认定

对于《现汉 6》而言，确定其专名词语身份的显性标志是注音时字母大写，如果是专有名词，其首字母大写；如果是专用短语，每个词的开头字母大写。凭借此标准，我们发现有个别类型的专名词语并没有被《现汉 6》纳入到专名词语的行列中。

1. 星名、星座名

如果按照本书界定专名词语的标准，笔者认为，指称某颗特定星星的星名，指称某个特定星座的星座名，都应该属于专名词语，但《现汉 6》在收录这些词语时，并未将其作为专名词语对待。例如，“北极星”“大犬座”等在词条后面的注音中首字母均未大写。

2. 时代名

时代名是表示某个特定时代的时间类专名词语，是与朝代名属于同一层级的，但《现汉 6》却是以一般词语的身份将其进行收录的。例如，“新石器时代”“铜器时代”等，其内部每个词的开头字母均未大写。

（二）专名词语的注音问题

1. 本应大写而未大写的

从词条的释义看，《现汉 6》已认可其专名词语的身份，但是在注音时首字母或每个词的开头字母没有大写。例如，“黑手党”通过释义我们发现这是一个犯罪组织的名称，应属于专名词语的机构名，但是《现汉 6》在注音时其首字母却用的是“h”。“华严宗”作为宗教派别名其首字母也应该大写，但却是小写的。又如，“尼格罗人种”，其释义中有“也叫黑种”的表述，《现汉 6》在收录“黑种”时，注音部分的首字母是大写的，这也就承认了它是个专有名词，那么相应的“尼格罗人种”就应该是个专用短语，其每个词的首字母都应该大写，但是在《现汉 6》中“人种”的首字母却是小写的。类似的专名词语还有“欧罗巴人种”“蒙古人种”等。“良渚文化”也属于这种情况，“文化”的首字母没有大写。

2. 本应连写而分写的

按照拼写规则，专有名词的首字母大写，内部组成成分要连写；专有短语的每个词的首字母大写，词与词要分写。但在《现汉 6》中，作为一个专有名词的，本应连写却分写了，例如，“洪帮”作为一个帮会名，两个组成成分构成一个专有名词，“洪”和“帮”应该分析为语素，因此，专有名词的内部要连写，但在词典中的注音却是分写的（Hóng Bāng），也就是其是按照专有短语的标准来注音的。

第三节 小结

专名词典是以各类专名词语为收录对象的工具书。根据专名词典收录内容的不同可以把专名词典首先分为综合型专名词典和单一型专名词典两大类。综合型专名词典是以各种专名词语为收录对象的专名词典；单一型专名词典是指以某一类专名词语为收录对象的专名词典。与综合性词典不同，语文类词典对于专名词语的收录具有严格的要求和限制。收录专名词语的类型最常见的是朝代名、民族名和节日名，收录的人名、地名则是非常有限的，一种情况是获得泛指意义的中间层专名词语；另一种情况则是带有生僻字的人名、地名。

《现代汉语词典》第6版是目前国内使用最广泛的规范型语文词典，考察分析其专名词语的收录情况，对于专名词语的研究是具有一定意义的。《现汉6》共收录各类专名词语1359个，占词典收词总量的1.97%。收录数量最多的是民族名，其余依次是国名、朝代名、节日名、历史事件名、星名（星座名）、机构名、年号、种族（人种）名、宗教名、著作名等。当然，《现汉6》在专名词语的认定和注音等方面仍然存在一些问题，有待于今后日臻完善的编纂工作。

第六章

结　　语

词汇作为一个由若干相互之间存在着各种关系的词汇成分构成的系统，在各种语言的不同发展阶段中形态各异地客观存在着。专名词语在整个词汇系统中是一个比较特殊的词汇聚合体。作为词汇系统的一员，专名词语具有与其他的一般词汇成分相同的性质，其特殊性从字面上集中表现在“专”字上，即作为词汇成分的专名词语与其所指的事物现象之间的关系是特殊的、专一的。这种特殊性、专指性使得专名词语与其他的一般词语在很多方面存在着差异。

一　本书的思路和主要观点

本书在总结分析学界对专名词语的各种界说的基础上，从词汇学角度提出了对专名词语的界定：专名词语是指语义上具有专指性或特指性的词或固定短语。专名词语与普通词语存在着本质的区别；专名词语与术语既性质不同，又存在交叉。

在明晰了研究对象的所指的前提条件下，本书开始着力描述汉语的专名词语系统。本书从系统论的观点出发，在承认汉语词汇系统的客观存在的同时，认为分布于词汇系统之中的专名词语也能构成一个系统——专名词语系统。在构建一种系统之前，首先要明确该系统是由哪些单位构成的。从语言单位的性质上看，汉语专名系统的构成单位从整体上可以分为专有名词和专用短语两种。专名系统内部的专名词语可以按照专名词语所指称的对象是否具有生命这个标准分为生命类专名词语和非生命类专名词语两大类。生命类专名词语主要包括人名、网名、动物名、神仙鬼怪名等；非生命类专名词语又可分为自然类专名词语和社会类专名词语两大类，其下面还有更小的类别划分。由此可见，专名词语并非零散的一个一个独立存在的相互之间毫无关联的游离性的个体，数量庞杂的专名词语在专名词语系统中呈现出有层次、有秩序的客观存在。本书在建立专名词语系统的同时，对每一类专名词语的特点和构成又进行了比较深入的探讨。

构建汉语专名词语的层级性体系是本书的重点。专名词语的意义一直是学界争论的焦点。我们认为专名词语与一般的普通词语一样也是具有一定意义内容的，而且表现出丰富性和多样性的特征。这一认识是构建汉语专名词语层级性体系的最基本的前提条件。专名词语显著度理论的提出是构建汉语专名词语层级性体系的理论依据之一。专名词语的显著度有高低之别，显著度较高的专名词语更容易获得专指意义之外的泛指意义。在从专指意义到泛指意义的转化过程中，潜存着的隐喻和转喻机制成为这种转化的动力因素。以上述的理论为支撑，按照距离一般的普通词语的远近这个标准，我们最终构建了汉语专名词语的层级性体系，即汉语专名词语基础层、汉语专名词语中间层和汉语专名词语扩展层。处于基础层的专名词语只有专指意义，距离普通词语的距离最远；中间层的专名词语既具有专指意义又具有泛指意义，比基础层的专名词语距离普通词语更进了一步；扩展层的专名词语虽然也只具有专指意义，但从来源上看，它们原本就是一般的普通词语，因此，它们是距离普通词语最近的专名词语。不同层级的专名词语在本质特征、范围和语用功能等方面呈现出很大程度的差异。

专名词语在翻译上与一般的普通词语相比较具有特殊性，因此应按照一定的翻译原则和方法展开具体的翻译工作。人名、地名等典型的专名词语在具体翻译过程中呈现出不同的问题。

专名词语的词典编纂也是专名词语研究中一个比较重要的问题。词语意义的研究和辞书的编纂有着十分密切的关系。专名词语在不同类型的辞书中收录情况有所不同。语文类词典收录的专名词语是十分有限的。对《现代汉语词典》第6版中的专名词语进行量性的统计和分析，有利于我们加深对专名词语层级性体系的认识。

二　本书的启示和意义

以往对专名词语的研究多数停留在某种类别的个案研究上，本书在综合运用词汇学、语义学、认知语言学、心理学、词典学等相关学科的理论和研究成果的基础上，对专名词语进行了比较全面系统的研究。全面系统的研究要求我们既要对专名词语的全貌进行客观、科学的描述和分析，又要深入专名词语的个体中，对其进行细致入微的考察和研究。专名词语是词汇系统中一个比较复杂的词汇类聚，专名系统的不同层次的阐释，对于明晰语言的系统性、词汇的系统性具有十分重要的意义。对于语言的系统性的首肯，特别是语言要素中最为庞杂的词汇的系统性的认可，将有助于推动整个语言研究的进程。如果对于一种语言的词汇系统中的各种词汇类聚分别进行整体的观照和考察，深入阐释其系统性的表现，那么语言中词汇的系统性问题将会不言自明，很多疑问也将会迎刃而解。

本书提出的专名词语的层级性分布，即专名词语层级性体系的构建，开辟了专名词语研究的一个新途径。既是对专名的系统性的有力证明，同时又明确了专名词语本身的实际存在方式。在此项研究的过程中，本着宏观与微观相结合的研究方法，在构建专名词语层级性体系的同时，对于个别的专名词语的意义转化、发展流变、语用功能进行了深入细致的分析和阐释。

词汇学与词典学密切相关，本书对于《现代汉语词典》第 6 版中专名词语穷尽式的统计和分析，开启了语文类词典专名词语收录研究的大门，同时也起到抛砖引玉的作用，旨在引起学界对于专名词语的词典研究投入更多的目光。

本书表明，立足于研究对象本体，结合具体语言事实，进行深入的分析和探讨，勾勒和描述研究对象的内在和外在的属性特征，从而发掘研究对象的发展规律，是语言研究中最为朴实和行之有效的研究途径。

三　本书的不足和展望

对于词汇系统中的某个类聚进行整体的研究，是一个相对来说比较困难的课题。由于本书考察的对象是数量非常庞杂的专名词语，在分析和描写专名系统的过程中，一定会存在某些甚至某类专名词语的遗漏，未能做到穷尽式的考察和解析。此外，本书中对具体专名词语所进行的微观研究也略显薄弱，有些问题尚未完全展开，如果增加具体的个案的专名词语研究的数量，同时加强研究的力度，势必对本研究所得结论起到十分重要的助力作用。再次，在对专名词语的词典收录的研究中，仅仅对《现代汉语词典》第 6 版的专名词语进行了考察，如果能够进一步扩大词典的研究范围，对于不同类型的典型词典进行比较分析，那么所得结论会更加全面而深刻。

在今后的研究中，应该针对上述问题，对专名词语进行更加深入的研究，加大研究的深度和力度，扩大研究的范围，更加全面地构建一个严谨的完整的专名系统。

参考文献

曹长远：《论专有名词》，《临沂师专学报》（社会科学版）1988 年第 2 期。

曹聪孙：《人名译名简论》，《中国翻译》1985 年第 5 期。

晁继周、单耀海、韩敬体：《关于规范型词典的收词问题》，《现代汉语词典学术研讨会论文集》，商务印书馆 1996 年版。

常敬宇：《汉语词汇与文化》，北京大学出版社 1995 年版。

陈建民：《中国语言和中国社会》，广东教育出版社 1999 年版。

陈琳霞：《论专有名词普通化》，《温州大学学报》2002 年第 3 期。

陈松岑：《语言变异研究》，广东教育出版社 1999 年版。

陈香兰：《转喻：从"辞格"到认知的研究回顾》，《外语与外语教学》2005 年第 8 期。

陈燕：《汉字学概说》，天津人民出版社 1998 年版。

陈一：《"第二个 $N_{专}$"与"$N_{专}$第二"》，《中国语文》2012 年第 3 期。

陈章太：《汉语的人名和人名用字》，《语文导报》1985 年第 7 期。

陈忠：《认知语言学研究》，山东教育出版社 2006 年版。

程俊英、梁永昌：《应用训诂学》，华东师范大学出版社 1989 年版。

程琪龙：《认知语言学概论》，外语教学与研究出版社 2001 年版。

程荣：《汉语辞书中的字头附列字问题》，《辞书研究》2010 年第 5 期。

《辞书编纂基本术语（GB/T 15238—2000）》，中国标准出版社 2004 年版。

崔应贤：《说专有名词前面的"一个"》，《语言教学与研究》1991 年第 1 期。

戴昭铭：《文化语言学导论》，语文出版社 1996 年版。

邓慧蓉：《从中国地名透视汉族人的思维方式和社会心理》，《学术交流》2003 年第 12 期。

邓艳桃、于金伙：《对专名含义和指称的历史探讨》，《焦作师范高等专科学校学报》2006 年第 1 期。

杜秀荣：《实用中国地图集》，西安地图出版社 2004 年版。

方传余：《专名与描述语的语用选择》，《山东外语教学》2006 年第 2 期。

方梦之：《翻译新论与实践》，青岛出版社 2002 年版。

冯棉：《名称的含义与指称——从穆勒到克里普克》，《华东师范大学学报》1997 年第 3 期。

冯志伟：《论语言符号的八大特性》，《暨南大学华文学院学报》2007 年第 1 期。

符淮青：《词义单位的划分与义项》，《辞书研究》1995 年第 1 期。

符淮青：《“词义成分—模式”分析（表动作行为的词）》，《汉语学习》1996 年第 5 期。

符淮青：《“词义成分—模式”分析（表名物的词）》，《汉语学习》1997 年第 1 期。

符淮青：《词义的分析和描写》，外语教育与研究出版社 2006 年版。

［德］弗雷格：《论含义与指称》，《语言哲学名著选辑》，三联书店 1988 年版。

高名凯：《论语言系统中的词位》，《北京大学学报》（人文科学）1962 年第 1 期。

高燕：《专有名词的修辞作用》，《语言与翻译》2008 年第 1 期。

葛本仪：《现代汉语词汇学》，山东人民出版社 2001 年版。

郭熙：《中国社会语言学》，浙江大学出版社 2004 年版。

郭先珍：《店名的社会文化属性》，《语文建设》1996 年第 4 期。

国家测绘局地名研究所：《中国地名录——中华人民共和国地图集地名索引》，中国地图出版社 1994 年版。

韩敬体：《现代汉语词典修订工作概述》，《辞书研究》1997 年第 1 期。

洪秋蕃：《红楼梦考证》，上海印书馆 1934 年版。

侯一麟、李宁：《汉语人名规范化说略》，《清华大学学报》1996 年第4期。

何晓明:《姓名与中国文化》，人民出版社2001年版。

胡以鲁:《国语学草创》，商务印书馆1912年版。

胡泽洪:《关于专名的含义与指称》，《自然辩证法通讯》2002年第5期。

胡中文:《专名词语的条件限制》，《语文新论:〈语文研究〉15周年纪念文集》，山西教育出版社1996年版。

胡中文:《解析专名词语同一般词语的联系》，《汉语学习》1997年第3期。

华劭:《名词的指称、词义和句法功能》，《外语学刊》1995年第1期。

黄建华:《语文词典研究》，商务印书馆1992年版。

黄景欣:《试论词汇学中的几个问题》，《中国语文》1961年第3期。

季华权:《人名简论》，《江苏公安专科学校学报》1997年第1期。

贾彦德:《汉语语义学》，北京大学出版社1999年版。

金敏呈:《汉语商业名称的语义探讨》，《汉语学习》1999年第6期。

［美］克里普克:《命名与必然性》，上海译文出版社2001年版。

黎锦熙:《新著国语文法》，商务印书馆1992年版。

李明琴:《隐喻与文化之间的关系》，《平原大学学报》2003年第4期。

李红印:《现代汉语颜色词语义分析》，商务印书馆2007年版。

李如龙:《汉语地名学论稿》，上海教育出版社1998年版。

李锡胤:《词典的广度、深度，词义层次及体系》，《辞书研究》1986年第3期。

李宇明:《中国现代的语言规划》，《汉语学习》2001年第5期。

李运富:《二十世纪汉语修辞学综观》，新世纪出版社1992年版。

廖盖龙:《中国人名大词典》，上海辞书出版社1990年版。

刘安春:《“一个”的用法研究》，博士学位论文，中国社会科学院研究生院，2003年。

刘复:《中国文法讲话》，北新书局1935年版。

刘大为:《比喻近喻与自喻——辞格的认知性研究》，上海教育出版社2001年版。

刘宁生：《店名的社会语言学分析》，《中国语文天地》1987 年第 6 期。

刘正光、崔刚：《非范畴化与“副词 + 名词”结构》，《外国语（上海外国语大学学报）》2005 年第 2 期。

刘润清、刘正光：《名词非范畴化的特征》，《语言教学与研究》2004 年第 3 期。

刘叔新：《汉语描写词汇学》，商务印书馆 2005 年版。

刘顺：《现代汉语名词的多视角研究》，学林出版社 2003 年版。

芦永德：《谈英语专有名词的普通化》，《信阳师范学院学报》（哲学社会科学版）1993 年第 3 期。

陆宗达、王宁：《训诂与训诂学》，山西教育出版社 2005 年版。

罗常培：《语言与文化》，北京出版社 2004 年版。

[英] 罗素：《数理哲学导论》，商务印书馆 1982 年版。

[英] 罗素：《逻辑与知识》，商务印书馆 1996 年版。

罗竹风：《汉语大词典》，汉语大词典出版社 1993 年版。

马丽扬：《系统论信息论控制论的若干问题》，北京现代管理学院 1985 年版。

马鸣春：《人名修辞学》，陕西人民教育出版社 1990 年版。

马建忠：《马氏文通》，商务印书馆 1998 年版。

孟广道：《汉语地名构词的人文因素》，《咸阳师范专科学校学报》（哲学社会科学版）1998 年第 4、5 期。

孟昭泉：《店名文化探源及其老字号》，《河南社会科学》1998 年第 1 期。

牛汝辰：《中国地名文化》，中国华侨出版社 1993 年版。

潘文国：《字本位与汉语研究》，华东师范大学出版社 2002 年版。

钱理、军元：《商店名称语言》，汉语大词典出版社 2005 年版。

钱穆：《〈史记〉地名考》，商务印书馆 2001 年版。

屈承熹：《怎样为“中国文化语言学”定位》，《语言文字应用》1994 年第 1 期。

任志萍：《中餐馆店名的语言及文化特点分析》，《修辞学习》2004 年第 1 期。

单军娜、栾吉斌：《从文化视角看英语专有名词的普通化》，《齐齐哈尔医学院学报》2007 年第 5 期。

尚萌：《专有名词普通化现象探析》，《辽宁师专学报》2007 年第 2 期。

申小龙：《汉语与中国文化》，复旦大学出版社 2003 年版。

沈家煊：《转指和转喻》，《当代语言学》1999 年第 1 期。

盛玉麒：《科技基本术语的社会语用诠释》，《术语标准化与信息技术》2001 年第 1 期。

石立坚：《谈谈专名》，《语文研究》1985 年第 3 期。

束定芳：《隐喻研究》，上海外语教育出版社 2000 年版。

宋柔，邹嘉彦：《汉语专名的初步研究》，《中国中文信息学会二十周年学术会议论文集》，清华大学出版社 2001 年版。

苏新春：《文化语言学教程》，外语教学与研究出版社 2006 年版。

［瑞士］索绪尔：《普通语言学教程》，高名凯译，商务印书馆 2001 年版。

谭载喜：《西方翻译简史》（增订版），商务印书馆 2004 年版。

唐凌：《历史年代学》，广西师范大学出版社 1992 年版。

王艾录、司富珍：《语言理据研究》，中国社会科学出版社 2002 年版。

王超辉：《论专名的含义与指称》，《辽宁工程技术大学学报》（社会科学版）2007 年第 5 期。

王红旗：《非指称成分产生的原因和基础》，《汉语学习》2006 年第 1 期。

王珏：《现代汉语名词研究》，华东师范大学出版社 2000 年版。

王力：《汉语实词的分类》，《北京大学学报》（人文科学）1959 年第 2 期。

王力：《中国现代语法》，商务印书馆 1985 年版。

王奇：《外文人名汉译选字探微》，《修辞学习》2003 年第 3 期。

王泉根：《华夏姓名面面观》，广西人民出版社 1988 年版。

王泉根：《中国人名文化》，团结出版社 2000 年版。

王文斌：《英语词汇语义学》，浙江教育出版社 2001 年版。

王希杰：《专名异变》，《淮北煤师院学报》（社会科学版）1991 年第 3 期。

王先谦：《后汉书集解》，中华书局 1984 年版。

王先谦：《荀子集解》，中华书局 1988 年版。

王晓澎、孟子敏：《数字里的中国文化》，团结出版社 2000 年版。

王寅：《语义理论与语言教学》，上海外语教育出版社 2001 年版。

王寅：《认知语义学》，《四川外语学院学报》2002 年第 2 期。

王泽龙：《若干动物人格化别称及其理据》，《汉字文化》2004 年第 1 期。

温端政：《汉语语汇学》，商务印书馆 2005 年版。

吴继章：《也谈人名中的异体字》，《语文建设》2001 年第 3 期。

吴其南：《比喻：一种特殊的命名方式》，《温州师范学院学报》（哲学社会科学版）1996 年第 4 期。

伍谦光：《语义学导论》，湖南教育出版社 1988 年版。

武占坤、王勤：《现代汉语词汇概要》，内蒙古人民出版社 1983 年版。

[马来西亚] 萧遥天：《中国人名的研究》，国际文化出版公司 1987 年版。

邢福义：《"很淑女"之类说法语言文化背景思考》，《语文研究》1997 年第 2 期。

邢公畹：《汉语汉字的多系统性与规范化问题》，《语文建设》1987 年第 3 期。

邢向东：《词汇与修辞》，《语言文学》1985 年第 6 期。

徐国庆：《现代汉语词汇系统论》，北京大学出版社 1999 年版。

徐庆凯：《专科词典的类型》，《辞书研究》2005 年第 4 期。

徐兆奎，韩光辉：《中国地名史话》，商务印书馆 1998 年版。

徐正考：《论汉语词汇的发展与汉民族历史文化的变迁》，《吉林大学社会科学学报》1994 年第 1 期。

许威汉：《论汉语词汇体系性》，《古汉语研究》1989 年第 4 期。

严辰松：《语言理据探究》，《解放军外国语学院学报》2000 年第 6 期。

杨伯峻：《中国文法语文通解》，商务印书馆 1956 年版。

杨光浴：《试论地名的特征》，《地名学研究》（第二集），辽宁人民出版社 1986 年版。

杨莉藜：《英汉互译教程》，河南大学出版社2004年版。

杨丽忠：《专有名词中的人名研究》，《术语标准化与信息技术》2005年第3期。

杨琳：《汉语词汇与华夏文化》，语文出版社1996年版。

杨喜昌：《论专名的意义和指称》，《中国俄语教学》1998年第3期。

杨扬：《汉语人名文化》，新华出版社2004年版。

杨永林：《专有名词普通化及其渊源谈》，《南外学报》1986年第4期。

杨祖希：《综合性辞典研究》，《辞书研究》1988年第5期。

游汝杰：《文化语言学引论》，高等教育出版社1993年版。

于根元：《网络语言概说》，中国经济出版社2001年版。

余江涛、张瑞德：《西方文学术语词典》，黄河文艺出版社1989年版。

云南省社会科学院民族学研究所：《中国地名词典》，上海辞书出版社1990年版。

詹人凤：《现代汉语语义学》，商务印书馆1997年版。

张伯江：《名词功能游移研究》，北京语言学院出版社1998年版。

张高远：《专名：是标签还是挂钩?》，《唐山师范学院学报》2003年第11期。

张力锋：《专名指称理论：历史、现状、及反思》，《重庆师院学报》2002年第3期。

张联芳：《中国人的姓名》，中国社会科学出版社1992年版。

张宁：《从中英人名看文化差异》，《安阳师范学院学报》2004年第1期。

张清源：《谈外国人名的译写》，《语文建设》1987年第5期。

张书岩：《现代人名用字面面观》，《文字改革》1985年第4期。

张素英：《对词汇是否成体系问题的刍议》，《锦州师院学报》（哲学社会科学版）1991年第3期。

张维鼎：《语言文化纵论》，四川辞书出版社2002年版。

张文国、张能甫：《古汉语语法学》，巴蜀书社2003年版。

张志毅、张庆云：《词汇语义学》（修订本），商务印书馆2005年版。

赵艳芳：《认知语言学概论》，上海外语教育出版社2005年版。

赵元任：《汉语口语语法》，商务印书馆2001年版。

郑宝倩：《华夏人名与中国文化》，中国人民大学出版社1993年版。

《中国大百科全书——地理卷》，中国大百科全书出版社1993年版。

中国大百科全书出版社《简明不列颠百科全书》编辑部：《简明不列颠百科全书》（第九卷），中国大百科全书出版社1986年版。

中国地名学研究会：《地名学研究文集》，辽宁人民出版社1989年版。

中国社会科学院语言研究所词典编辑室：《现代汉语词典》，商务印书馆2012年版。

周国光：《词汇体系和耗散结构》，《汉语学习》1989年第5期。

周荐：《二十世纪现代汉语词汇论著指要》，商务印书馆2004年版。

周荐：《词汇学词典学研究》，商务印书馆2004年版。

周荐：《汉语词汇结构论》，上海辞书出版社2004年版。

周绍贤：《商品命名学内》，内蒙古文化出版社1998年版。

周小兵：《商品品牌译名分析》，《语文建设》1994年第2期。

周一民：《北京口语语法》（词法卷），语文出版社1998年版。

周祖谟：《词汇和词汇学习》，《语文学习》1958年第9期。

周祖谟：《汉语词汇讲话》，外语教学与研究出版社2006年版。

朱德熙：《语法讲义》，商务印书馆2004年版。

[苏联] 朱奇格维奇：《普通地名学》，高等教育出版社1983年版。

朱明胜：《西方人名的汉译》，《长春大学学报》2011年第7期。

朱星：《试谈新训诂学》，《河北师范大学学报》（哲学社会科学版）1981年第1期。

Cristian Ciocan & Georges Hansel, *Levinas Concordance*, New York: Springer Netherlands, 2005.

Croft, W. & Cruse, D. A., *Cognitive Linguistics*, Cambridge: Cambridge University Press, 2004.

David S. Schwarz, *Causality, referring, and proper names*, Linguistics and Philosophy, 1978, 2.

Estes, Z. & Jones, L. L., *Metaphor Comprehension as attributive categorization*, Journal of Memory and Language, 2005, 1.

Eve Sweetser, *From Etymology to Pragmatics: Metaphorical and Cultural*

Aspects of Semantic Structure, Cambridge: Cambridge University Press, 2002.

Jennifer Hornsby, *Proper names: A defence of Burge*, Philosophical Studies, 1976, 4.

Keneth T. Barnes, *proper names, possible worlds, and propositional attitudes*, Philosophia, 1976, 1.

Lakoff, G. & Johnson, M., *Metaphors We Live By*, Chicago: University of Chicago Press, 1980.

Larson, Mildred L., *Meaning – Based Translation* , New York: University Press of America, 1998.

Leech, G., *Semantics*, London: Penguin, 1974.

Lyons, J., *Language, Meaning and Context*, Bungay: Fontana, 1981.

Giora, R., *Literal vs. Figurative Language: Different or Equal?*, Journal of Pragmatics, 2002, 4.

Giora, R., *Understanding Figurative and Literal Language: The Graded Salience Hypothesis*, Cognitive Linguistics, 1997, 3.

Macrae, C. N. & Bodenhausen, G. V., *Social Cognition: Categorical Person Perception*, British Journal of Psychology, 2001, 1.

Nida, Eugene A. & Taber, Charles R., *The Theory and Practice of Translation*, Shanghai: Shanghai Foreign Language Education Press, 2004.

Peter Newmark, *A Textbook of Translation*, Shanghai: Shanghai Foreign Language Education Press, 2001.

Steinhart, E. C., *The Logic of Metaphor: Analogous Parts of Possible Worlds*, Dordrecht, Boston&London: Kluwer Academic Publishers, 2001.

Susanne K. Langer, *Philosophy in a New Key*, New York: Harvard University Press, 1942.

Taylor, J. R., *Linguistic Categorization: Prototypes in Linguistics Theory*, Foreign Language Teaching and Research Press&Oxford University Press, 2001.

后　记

本书是在我博士论文的基础上完成的。从2007年进入南开大学文学院攻读汉语言文字学博士学位到现在，已经有九年的时间了。这九年的时间在我的人生中留下了深刻的印记，对我学术的成长和专业发展起到了极其重要的作用。

九年前的夏末秋初，我来到了充满学术气息的南开大学，继续着自己的语言学之路。无比幸运和幸福的是，在这里遇到了我的授业恩师周荐教授。在博士求学的过程中，我遇到了各种各样的困难和障碍，是先生用他的责任心和爱心帮助我渡过了一个又一个难关。从论文的选题、开题到论文的写作和修改，无不倾注了先生的心血。先生的严谨治学，先生的高屋建瓴，先生的博学善思，使我受益终生！求学期间，在个人的生活中经历了很多挫折，是先生用他的拳拳之心使我拥有了前行的动力。毕业之后，先生也一直关心我的生活和学术成长。先生的工作十分繁忙，但是为了鼓励学生的进步，先生欣然同意赐序请求，在百忙之中给本书写下了弥足珍贵的序言。在这里，真诚地感谢一直鼓励帮助我的恩师周荐教授！

另外还要感谢南开大学的王红旗教授、曾晓渝教授、杨琳教授在我求学期间给予的指导和启迪；感谢我的硕士导师哈尔滨师范大学的徐国庆教授把我领进词汇学的大门；感谢哈尔滨师范大学陈一教授始终不变的教诲和鼓励；感谢哈尔滨师范大学赵惜微教授对我犹如母亲般的真切关怀；感谢我情同手足的同门：邵燕梅、赵越、李洁、冯海霞、曲丽玮、曹儒、陈茜、曾柱、刘善涛、刘琳、苏磊鑫、杨娟、晏颖、申恩军、邓斌、陈建军、王新宇，他们的支持、鼓励和帮助让我一直倍感温暖。

特别感谢北京天健科技集团董事长兼总裁姜跃滨先生。姜先生作为商界的佼佼者，不忘初心，个人出资设立了哈尔滨师范大学“跃滨学术基金”。没有姜先生的基金资助，就没有本书的顺利出版。

感谢中国社会科学出版社的任明先生。在本书的出版过程中，任先生不厌其烦地反复与我沟通相关事宜，先生的热诚支持和辛苦工作保证了本书的顺利付梓。

最后，要诚挚地感谢我的家人。感谢年迈母亲一直默默地为女儿不辞辛劳的付出；感谢爱人刘恩铭的理解和支持，唯愿健康平安永相随；感谢爱子刘禹见对妈妈疏于照顾的理解和包容。

又是一轮皎皎明月。怀着一颗感恩之心，迎接未来的工作和生活。